图书在版编目（CIP）数据

庄子和他的奇幻世界. 1 /（战国）庄周著；绘时光编绘. -- 兰州：甘肃文化出版社，2024.5
ISBN 978-7-5490-2964-8

Ⅰ. ①庄… Ⅱ. ①庄… ②绘… Ⅲ. ①《庄子》—儿童读物 Ⅳ. ①B223.5-49

中国国家版本馆CIP数据核字(2024)第057524号

庄子和他的奇幻世界

ZHUANGZI HE TADE QIHUAN SHIJIE

[战国]庄周 著 绘时光 编绘

责任编辑	李雯娟	文字编写	汪玉琪
特约策划	梁 策	漫画主笔	张小雪　珑 树
营销支持	邓 菲	封面设计	何 何
特约编辑	杨 娟	排　版	姿 兰

出版发行｜甘肃文化出版社
网　　址｜http://www.gswenhua.cn
投稿邮箱｜gswenhuapress@163.com
地　　址｜兰州市城关区曹家巷1号　730030（邮编）

营销中心｜贾　莉　王　俊
电　　话｜0931-2131306

印　　刷｜永清县晔盛亚胶印有限公司
开　　本｜710毫米×1000毫米　1/16
字　　数｜240千
印　　张｜18.5
版　　次｜2024年5月第1版
印　　次｜2024年5月第1次
书　　号｜ISBN 978-7-5490-2964-8
定　　价｜135.00元（全三册）

版权所有　违者必究（举报电话:0931-2131306）
（图书如出现印装质量问题,请与我们联系）

目录

- 庄周梦蝶 …… 1
- 逍遥的大鹏鸟 …… 5
- 知了和斑鸠的嘲笑 …… 9
- 藐姑射山上的神人 …… 15
- 影子的微阴问影子 …… 19
- 童颜不老的女偶 …… 25
- 河伯与北海之神 …… 31
- 流波山上的聚会 …… 35
- 任公子钓大鱼 …… 39
- 蜗角之争 …… 43
- 忘记语言的人 …… 49
- 狙公喂猴 …… 55

濠梁之鱼 	鸱得腐鼠	自由的乌龟	惠子的大葫芦	惠子的大树	庄子遇异鹊
85	79	75	69	65	59

庄周梦蝶

【庄子·内篇·齐物论】

昔者庄周梦为胡蝶,栩栩然胡蝶也。自喻适志与,不知周也。俄然觉,则蘧蘧然周也。不知周之梦为胡蝶与,胡蝶之梦为周与?周与胡蝶,则必有分矣。此之谓物化。

庄周，又叫庄子。一天晚上，庄子劳累了一整天，准备休息。他打了个哈欠，伸了个懒腰，一头栽倒在床上，很快就呼噜呼噜地进入梦乡了。

梦里，他发现自己变成了一只漂亮的花蝴蝶。他的身体非常轻盈，扇动着薄薄的翅膀，在大花园里自由自在、快活地飞来飞去。

嘿嘿，我是一只快乐的小蝴蝶！

哪里来的丑八怪？

庄子梦见自己正飞着，突然醒了过来。他揉揉眼睛，发现自己躺在床上身体僵直，一点儿也没有蝴蝶般轻盈的感觉了。

庄子迷迷糊糊，回想起刚才的梦像真的一样。不知道是自己做梦变成蝴蝶，还是蝴蝶做梦化成庄子。蝴蝶和庄子分不清楚。

文化小辞典 庄周梦蝶

"庄周梦蝶"也作"庄生梦蝶",比喻梦中乐趣或人生变化无常。

唐代诗人李商隐就有两句很有名的诗:"庄生晓梦迷蝴蝶,望帝春心托杜鹃。"前一句用的正是庄周梦蝶的典故。在他看来,人生如梦,梦亦如人生。

逍遥的大鹏鸟

【庄子·内篇·逍遥游】

北冥有鱼，其名为鲲。鲲之大，不知其几千里也。化而为鸟，其名为鹏。鹏之背，不知其几千里也。怒而飞，其翼若垂天之云。是鸟也，海运则将徙于南冥。南冥者，天池也。

话说从前北边有个大水池叫北海，里面住着一条大鱼，叫作鲲。它是个巨无霸，谁都不知道它到底有几千里长。

听说南边还有个更大的水池叫南海，鲲立马就想搬家，换个新地方住。可是从北边到南边路途遥远，鲲怎么去呢？不用替它操心啦，因为它有孙猴子一样的本领——变化。

它从一条大鱼变成了一只大鸟,叫作鹏。鹏巨大无比,脊背有好几千里,翅膀像垂在天边的云彩一样。当北海掀起巨大海浪的时候,大鹏鸟就要动身了。

它一挥翅膀,就到了九万里高空。它飞翔的时候,翅膀激起的水花都有三千里,它像一阵旋风一样飞到了南海。大鹏鸟之所以飞得这么高,是因为它翅膀下有巨大的风力,它凭借风力才能自由翱翔啊!

文化小辞典 鹏程万里

鲲鹏的故事后来演变成了成语"鹏程万里",意思是大鹏鸟飞行万里远,比喻前程远大,志向高远。多作为祝福语使用,带给人祝愿和吉祥。

飞一万里不是问题。

知了和斑鸠的嘲笑

【庄子·内篇·逍遥游】

蜩与学鸠笑之曰:"我决起而飞,抢榆枋,时则不至,而控于地而已矣,奚以之九万里而南为?"适莽苍者,三餐而反,腹犹果然;适百里者,宿舂粮;适千里者,三月聚粮。之二虫,又何知!

一只知了和一只斑鸠碰到一起，它们听说了大鹏鸟从北海飞往南海的事，就当作茶余饭后的笑话来谈论。

知了说："大鹏鸟那么庞大又呆笨的身体，需要借助风力才能飞起来。还得辛辛苦苦飞上好长时间，从北海飞到南海。何必自己难为自己呢？"

斑鸠说:"可不是嘛。还是像我俩这样好,虽然身体小巧,但是灵活,可以一下子从地上飞到树枝上。"

知了连忙点头附和说:"对呀,如果我们飞累了就不飞了,直接落到地面上。哪里用得着累死累活地飞九万里。"

庄子听到小虫和小鸟的对话,也哈哈大笑起来。他认为:往返郊外要吃三顿饭,到百里外的地方要准备一夜的粮食,而到千里之外的地方要准备三个月的粮食。

知了和斑鸠哪里能明白这样的道理呢?它们只看得到自己,怎么会理解大鹏鸟从北海飞到遥远的南海的举动呢。这就好像小智慧的人不可能理解大智慧的人。

这好比朝生暮死的菌类生物一样,它们哪里知道昼夜的交替?寒蝉出生在夏天,一到秋天就死了,它哪里知道一年四季的变化?

楚国有一棵活了很久很久的大树,叫作冥灵。这棵树真是活得够久,它把五百年当作一个春天,把五百年当作一个秋天。更神奇的是,上古的时候,有一棵大椿树,把八千年算作一个春天,把八千年算作一个秋天。

文化小辞典 朝生暮死

这个故事给我们讲了一个道理，小智慧的人不能理解大智慧的人，就像那些生命短暂的生物不能理解寿命长久的生物一样。这就是庄子所要讲明的"小大之辩"。

大鹏鸟的"大"决定了它的志向宏大，而知了和斑鸠的"小"也决定了它们只满足于眼前的舒适。无论大小，它们自身都有局限性，要依赖外界的帮助。人必须从狭小的生存状态中摆脱出来，看到世界的宏大，打破有限的认知，才能达到精神上的超越，真正做到"逍遥游"。

藐姑射山上的神人

【庄子·内篇·逍遥游】

藐姑射之山有神人居焉，肌肤若冰雪，绰约若处子；不食五谷，吸风饮露；乘云气，御飞龙，而游乎四海之外；其神凝，使物不疵疠而年谷熟。

有个叫肩吾的人和一个叫连叔的人聊天。肩吾对连叔说:"嘿,老兄,我前几天碰到接舆了,他这个人说话不着边际,都是在吹牛。"连叔就问接舆是怎么吹牛的。

肩吾就学着接舆的样子说起来。接舆说,在很远很远的藐姑射山上,住着这么一位神仙,肌肤像那冰雪一样又光滑又雪白,身姿又柔又美,漂亮极了。

这位神仙不仅长得很美,关键是人家根本用不着吃饭,吸一口风,喝一口露水就饱了。神仙遨游天地,自由自在。当神仙凝神静气的时候,就能让万物都不生病,五谷丰登。

肩吾有点儿不相信,连叔却坚信不疑。他说:"一个盲人,再美丽的花纹也看不到;一个耳聋的人,再好听的钟鼓乐音也听不到。而心智上的盲人和耳聋的人,说的就是像你这样的人。接舆说的这位神仙品德广施宇宙,将宇宙万物合为一体,世人希望她来治理天下,但她哪里愿意来庸庸碌碌地管这种俗事呢?"

文化小辞典 藐姑射仙子

庄子创造出来的这个神仙,不知道是男是女,一般理解为得道的男性。

但是在庄子的描述下,这位仙人像女子一样美丽、灵动。所以后来的人们慢慢想象出藐姑射仙子是一位女性,在很多神话和传说里,这位仙人都是容貌非常美的女子。

影子的微阴问影子

【庄子·内篇·齐物论】

罔两问景曰:"曩子行,今子止;曩子坐,今子起;何其无特操与?"

景曰:"吾有待而然者邪?吾所待又有待而然者邪?吾待蛇蚹蜩翼邪?恶识所以然?恶识所以不然?"

话说这世界上只要有太阳光或其他的光,就有影子的存在。我们只看得到影子,可是并不是所有人都知道,影子也有自己的影子——影子之外的微阴。

这天风和日丽,太阳照在大地上,影子正悠闲地靠在墙根上闭目养神。这时影子的微阴拍了拍它的肩膀说:"我说兄弟啊,你这个人特别没有独立的意志。"影子一听顿时火冒三丈,抡起拳头就想揍微阴。

影子的微阴连忙躲开，说道："你先听我说啊！刚才你还在走路呢，这会儿就停了下来。你之前还坐得好好的，这会儿又站了起来。你这可不是没有独立的意志吗？"

做人嘛，还是得有点儿独立的意志！

亏你还自称是兄弟，你不懂我。

影子两手叉腰，向微阴解释道："我之所以这样是因为我的存在是有所依赖的啊！必须先有个物体才有影子，而那个物体也必须是有所依赖的。就像蛇要靠腹下的鳞皮才能爬行，知了要靠翅膀才能飞行。我哪知道为什么会这样，又为什么不会这样？"

其他众多影子的微阴也来凑热闹，一起问影子："你原来是趴着的，现在怎么仰着了？原来是扎着头发的，现在怎么披头散发的？你原来是坐着的，现在怎么又站起来了？原来不是在走路吗，怎么又停下来了？"

影子说道："我动来动去都不是无心的啊，天生就是这样。这有什么好问的？"

影子继续说道："我就像蛇蜕下来的皮，知了蜕下来的壳，和它们虽然相似但又不是完全一样。有火光和太阳的时候我就出现，当阴天和漆黑的夜晚来临你们就看不见我了。"

左手消失，右手出现，哈哈！

"有形体存在的东西是我的依赖，而有形之物也得凭借无形之道才能运行啊！有形体的东西动我就动，有形体的东西静止我就静止。一切都遵循自然的规律。"影子这次的回答让众多影子的微阴都很满意。

这有什么好问的呢，不是明显的道理嘛！

解释的好，还是大哥厉害！

文化小辞典

蛇蚹蜩翼

蛇和知了在生长的过程中都有蜕皮、蜕壳的现象，蜕皮、蜕壳后与原来的蛇和知了在形体上是相似的，但是两者已经不是完全一样的事物了。庄子借这个比喻事物和影子之间的不同。

童颜不老的女偶

【庄子·内篇·大宗师】

南伯子葵问乎女偶曰:"子之年长矣,而色若孺子,何也?"曰:"吾闻道矣。"

南伯子葵曰:"道可得学邪?"

曰:"恶!恶可!子非其人也。"

从前，有一个叫女偊的得道高人，她有很厉害的驻颜术，虽然年纪很大了，但是看起来还像青春美少女一样。

有一天，一个叫南伯子葵的人来见女偊，他对女偊的驻颜术非常感兴趣，便向她请教："您的年纪很大了，可是为什么看上去还像个孩子呢？这到底是为什么呢？"

女偊回答说:"这是因为我得道了,容颜才不会衰老,保持着青春的模样。"南伯子葵一下子来了兴致,他也想拥有童颜美貌,受人崇拜,于是厚着脸皮讨教,但女偊拒绝了他。

于是女偊跟南伯子葵讲了卜梁倚的事。她说:"卜梁倚有做圣人的才智,但是内心却没有道。我有圣人之道,但没有成为圣人的才智,所以我就想去教他。"

女偶接着说:"我教了卜梁倚三天他才做到超脱于天下,又教了七天他才超脱于人事,又教了九天他才做到超脱生死。"

卜梁倚超脱于生死之外,忘掉自我,而后心窍豁然彻悟了独一无二的道。看见了道就能超越时间,然后人才能进入不生也不死的永恒境地。

女偶继续说:"你看看,人去掉了妄念就没有死亡的威胁了。道对于万物,无所不送,无所不迎,无所不毁,无所不成,这个过程叫作'撄宁'。"

南伯子葵听了女偶的一番话,惊喜得下巴都快掉下来了,问她是从哪里学到的道。女偶说:"我从文字那里得来的,文字从诵读者那里得来的,诵读者是从见解洞彻者那里得来的……最终是从不能推测大道的起始那里得来的。"

孺子在古代有多重意思,一般是指小孩子。

后来演变成对天子、诸侯以及世卿的继承人的称呼。

西汉时期,孺子又变成太子妾的称呼。

孺子后来又引申出小子、竖子等含有轻视、蔑视的意思。

河伯与北海之神

【庄子·外篇·秋水】

秋水时至，百川灌河，泾流之大，两涘渚崖之间，不辩牛马。于是焉河伯欣然自喜，以天下之美为尽在己；顺流而东行，至于北海，东面而视，不见水端。于是焉河伯始旋其面目，望洋向若而叹曰："野语有之，曰'闻道百，以为莫己若'者，我之谓也。"

秋天到了，叶子开始泛黄，雨水也慢慢多了。小河里的水流淌到黄河里。黄河涨水，水面非常宽阔。河伯从水底钻了出来，非常高兴，以为全天下的美景都集中在了自己身上。

河伯顺着水流往东边游玩，没过多久就到达了北海。大海茫茫一片，看不见尽头。北海之神看到河伯，高兴地欢迎他来北海做客。河伯望着北海叹道："我要是没看到您这样无边无涯，恐怕要遭到天下人耻笑了。"

北海之神说:"兄弟,别自责了。不能和井底之蛙谈论大海,因为它被困在狭窄的空间。不能和夏虫谈论冰雪,因为它的生命局限于很短的时间。不能和孤陋寡闻的人谈论道,因为他被世俗之学束缚。"

北海之神继续说道:"虽然我很广大,天下所有的水都流淌到我这里来。但是与宇宙相比,我就像是大山上的小石子、小木头,哪里大呢?人与万物相比,就像马身上的一根毫毛。"

您真的很广大啊!

人外有人,山外有山啊,不值一提!

成语"望洋兴叹"就是从此篇故事里来的,本义是指人在伟大的事物面前感到自己很渺小。

后来比喻因眼界大开而惊奇赞叹或者对自身能力不及感到无可奈何。

流波山上的聚会

【庄子·外篇·秋水】

夔怜蚿，蚿怜蛇，蛇怜风，风怜目，目怜心。

这天，夔、蚿、蛇在流波山上聚会。

夔羡慕蚿，夔对蚿说："我用一只脚蹦蹦跳跳地行走，我不如你。你现在用上百只脚走路，这怎么走呀？"蚿说："不对。我现在是按照本能行走，我自己也不知道为什么。"

蚿羡慕蛇，蚿对蛇说："我有这么多脚，你没有脚，走得比我快，这是为什么啊？"蛇说："这都是天然形成的本能，怎么能改变呢？"

这时风也跑过来凑热闹。蛇于是对风说:"我依靠背脊和两胁行走,像有脚一样。而你从北海呼呼地刮到南海,却没有形迹,这是为什么呢?"

风哈哈笑着说:"是啊,我呼呼地刮着,但人用手指阻挡我,用脚踢我,都能胜过我。但是吹断大树、毁坏房屋只有我才能做到。因为我不追求小的胜利,而在乎大的胜利,只有圣人才能完成大胜利。"

文化小辞典 夔

夔,是中国神话传说里一条腿的神兽。据《山海经》记载,东海中有一座山叫流波山,山上有一头神兽,样子像牛一样,身上是青色的,头上没有长角,只有一只脚。它每次都是在狂风暴雨中出现,它的身上闪耀着光芒,像日月的光芒一样,它的吼声像雷声一样震耳欲聋。

后来黄帝得到了夔,将它的皮制作成鼓面,并用雷兽的骨头做槌,敲击鼓,鼓声震天动地。

任公子钓大鱼

【庄子·杂篇·外物】

　　任公子为大钩巨缁，五十犗以为饵，蹲乎会稽，投竿东海，旦旦而钓，期年不得鱼。已而大鱼食之，牵巨钩，錎没而下，鹜扬而奋鬐，白波若山，海水震荡，声侔鬼神，惮赫千里。

很久以前，有个任国的公子，他是个钓鱼爱好者，但是他钓鱼跟别人不一样。有一次，他做了一个巨无霸的钓钩，绑上大碗口粗的黑色绳子做鱼线，又让人宰杀了五十头又大又肥的公牛做饵料。

任公子扛着大钓钩来到会稽山上，把它投到东海里去钓鱼。他一直蹲在山上，等着鱼儿上钩，可是一天天过去了，也没见有鱼来咬钩。就这样等啊等啊，等了一年。

终于有一天,鱼竿震动了,是一条很大很大的鱼。

大鱼吞下饵料,知道上了当,急忙挣脱鱼钩。它牵动巨大的鱼钩,摇头摆尾,拼命划着鱼鳍往深海里逃命。海水波涛汹涌,激荡的声音像鬼哭狼嚎一样,千里之外都能听见。

任公子费了九牛二虎之力才将大鱼拖到岸上,他把鱼杀了,晒成鱼干分给别人吃。浙江以东,苍梧山以北的人都分到了鱼干,人们高兴地收下这份厚礼。这些没见识的人一边吃着鱼干,一边八卦任公子钓大鱼的事情,觉得这事太不可思议了,到处奔走相告。

文化小辞典 放长线钓大鱼

做事要有远大的目标,要有耐心和毅力,不要被别人的嘲笑和质疑影响,坚持自己的做法,才能取得巨大的收获。

蜗角之争

【庄子·杂篇·则阳】

　　有国于蜗之左角者曰触氏，有国于蜗之右角者曰蛮氏，时相与争地而战，伏尸数万，逐北旬有五日而后反。

魏惠王与田侯牟签订盟约，结果田侯牟当了叛徒。魏惠王气得连连跳脚，立刻安排刺客要将田侯牟这个小人灭掉。

公孙衍将军听说后觉得刺杀可耻，立马披挂上阵，对魏惠王说："给我二十万兵马，我要把田侯牟的老窝端了，给大王您出这口恶气！"

季子觉得打仗可耻，就对魏惠王说："好不容易建个几十米高的城墙，现在又要拆了，不是浪费吗？我们已经七年没打仗了，公孙衍这个人故意挑起战争，别有居心啊，不能听他的。"

华子对魏惠王说："劝您攻打齐国的人是好乱之人，劝您不攻打齐国的人也是好乱之人，讨论攻打还是不攻打的人也是好乱之人。"

惠子听说后，就引荐戴晋人去见魏惠王。戴晋人问魏惠王知不知道蜗牛，魏惠王哈哈大笑说知道。戴晋人说："蜗牛的左角上有个国家叫触氏，右角上有个国家叫蛮氏。"

戴晋人清了清嗓子继续说："这两个国家啊，经常为了争夺一点儿地盘就打仗。每次战争都要死好几万人，赢的人追着败的人跑，十五天才能回来。"

魏惠王狐疑地看着戴晋人说："这是你虚构的吧？"戴晋人说："我们想象一下无边无际的宇宙，人间的国土岂不是可以忽略不计吗？在人间国土中有一个小小的魏国，您和蛮氏有何区别呢？"

戴晋人走之后，魏惠王神思恍惚好像丢了魂似的。过了很久他才缓过神来，对惠子说："这个戴晋人可真是个大人物，就连圣人都不能和他比。"

成语"蜗角之争"出自《庄子·杂篇·则阳》。

形容为极其小的事情而发生争斗,含有贬义。

忘记语言的人

【庄子·杂篇·外物】

　　荃者所以在鱼,得鱼而忘荃;蹄者所以在兔,得兔而忘蹄;言者所以在意,得意而忘言。吾安得夫忘言之人而与之言哉!

惠子和庄子都是辩论高手。惠子对庄子说："你的言论没什么用处啊。"庄子机智地说："天和地无边无际，然而对人有用的只有两只脚站的一点儿地方而已。但是把立足以外的地方都挖成深渊，人们无路可走，那脚下的这点儿地方还有用吗？"

庄子看着惠子败下阵来，就给他讲了一个小故事：从前，宋国国都的演门外，有个人的父母去世了，这个人非常伤心，哭得那叫一个惨啊，把自己的脸都哭变形了。

宋国国君听说了这件事，感动得一塌糊涂，觉得这个人是个大孝子，就任命他做了高官。这件事一传十，十传百，传到了乡里。于是，每当乡里人死了父母就哭得肝肠寸断，妄想国君也能给他们封个官。结果很多人因为悲伤过度把命丢掉了。

讲完了孝子的故事，庄子又给惠子讲了另外一个故事：上古的时候，统治天下的尧要让位给许由。许由听说了这事，赶紧跑到河边狠狠地洗了洗耳朵，生怕这话玷污了他的耳朵，然后逃到箕山去了。

到了商朝，国君商汤准备把王位让给贤人务光，务光知道后非常生气，坚决不接受。

贤人纪他听说务光拒绝商汤让天下，心里预感到商汤下一步会找到自己，于是他带着学生隐居到一个叫窾水的地方。他时常坐在水边，一旦商汤要让位，他就要跳河。

过了几年，贤人申徒狄效仿纪他，直接跳河了。庄子说："许由和务光逃避虚名是顺应本性，纪他效仿他们把自己弄得十分狼狈，而申徒狄就有沽名钓誉的嫌疑了。"

庄子感慨地说："捕鱼的竹器用来捕鱼，捕到鱼就忘记竹器；兔网用来逮兔子，逮到兔子就忘记兔网；语言用来表达意思，意思表达清楚了就忘记语言。我去哪里找忘记语言的人而和他交谈呢？"

文化小辞典　得意忘言

成语"得意忘言"出自庄子这则寓言故事,说的是语言是用来表达意思的,既然已经知道意思了,就没必要再用语言了。后来比喻彼此心照不宣,彼此心里明白,不用明说出来。

狙公喂猴

【庄子·内篇·齐物论】

狙公赋芧,曰:"朝三而暮四。"众狙皆怒。曰:"然则朝四而暮三。"众狙皆悦。

狙公特别喜欢猴子,于是在自己的院子里养了一群猴子。猴子好玩是好玩,但不好养啊。他每天都要给猴子们喂食物。秋天到了,有新鲜的橡子可以吃,猴子们都很高兴。

狙公对猴子们说:"我早上给你们吃三升橡子,晚上给你们吃四升橡子。"猴子们一听都生气了,摆出一张张臭脸,还威胁要罢工,不再给他表演猴子爬树了。

狙公看着这些调皮的猴子不肯合作,灵机一动,想了一招。他做出一副妥协的样子,对猴子们说:"好吧,早上给你们吃四升,晚上给你们吃三升。这样总行了吧。"

猴子们听到早上要比原来多吃一升,高兴得欢呼起来,觉得它们胜利了,在树上又蹿又跳,还表演起了猴子捞月和腾云驾雾。表演完后,猴子们从狙公手里接过橡子,狼吞虎咽吃起来。

成语"朝三暮四"出自这篇狙公养猴子的故事,原来比喻聪明的人善于使用手段达成目的,而愚笨的人不善于辨别事情的真相,总是被蒙蔽。后来词义发生转移,比喻常常变卦,反复无常。

庄子遇异鹊

【庄子·外篇·山木】

　　庄周游于雕陵之樊，睹一异鹊自南方来者，翼广七尺，目大运寸，感周之颡而集于栗林。庄周曰："此何鸟哉，翼殷不逝，目大不睹？"蹇裳躩步，执弹而留之。睹一蝉，方得美荫而忘其身；螳螂执翳而搏之，见得而忘其形；异鹊从而利之，见利而忘其真。

有一天，庄子出去闲逛，他走到了雕陵的密林中。这时候一只异常大的鹊鸟贴着他的额前"唰"一声飞了过去，把庄子吓了一跳。

那大鹊鸟是从南边飞来的，它一直飞到树林里才停了下来，准备休息。庄子观察了一下这只大鹊鸟，发现它的翅膀有七尺宽，眼睛又圆又大有一寸长。他从来都没有见过这样奇怪的鹊鸟。

庄子很好奇这只大鹊鸟要干什么，于是提起衣裳，快步跟过去，生怕吓跑了它，手里还拿着弹弓伺机发弹，想着把它从树上射下来。

这时庄子看见绿叶丛中有一只知了，它以为自己躲在隐蔽的叶子底下，谁也伤害不了它，正自鸣得意叫得欢呢。但不知道它的背后，一只藏在叶子里的螳螂正虎视眈眈地看着自己。

螳螂看着眼前这个肥美的大餐流下了口水,想着怎么将它逮住,好好享用。它一点儿都没察觉到它的背后,那只大鹊鸟已经盯上了它。

庄子看着螳螂和大鹊鸟虎视眈眈地盯着各自的猎物,突然领悟了一个道理。于是他扔掉手里的弹弓走了,看管林子的人听到动静,以为庄子是小偷,连忙追赶他。

庄子回到家郁闷了三天。他的学生蔺且问:"老师啊,您是不是生病了?怎么一副无精打采的样子,好像别人欠了您很多钱似的。"

庄子说:"我在雕陵的密林里游玩,好奇一只大鹊鸟而忘记了自身,被看管林子的人责骂,所以感到不愉快。我这是为了守护形体而忘记了自己,为了观察浊水而忽视了清渊啊!"

文化小辞典：螳螂捕蝉，黄雀在后

成语"螳螂捕蝉，黄雀在后"最早出自《庄子·外篇·山木》，后来东汉刘向在《说苑》里对此故事进行了改编，将"异鹊"改为黄雀，于是有了今天我们所熟悉的成语。

这个成语比喻目光短浅，不知潜在的危险，讽刺了那些鼠目寸光、急功近利之人。

惠子的大树

【庄子·内篇·逍遥游】

惠子谓庄子曰:"吾有大树,人谓之樗,其大本拥肿而不中绳墨,其小枝卷曲而不中规矩,立之涂,匠者不顾。今子之言,大而无用,众所同去也。"

一天，庄子和惠子讨论一棵树的问题。

惠子说："我家有一棵大树，人们都叫它樗。但是它的树干上长满了疙瘩，小树枝还歪七扭八的。木匠们都嫌弃它，因为它不是好木材，不能为人所用。所以它长在路边，木匠看都不看它一眼。"

庄子听出了惠子是在挖苦自己，说他的学说在实际生活中没用。

庄子反驳说："你没见过黄鼠狼和野猫吗？它们为了捕食小动物，东奔西跑，上蹿下跳，一不小心就触碰机关，葬送在猎人手里。"

庄子继续说:"你再看看牦牛,四肢健壮,身体庞大,就像挂在天边的云彩。你觉得这么大个儿应该挺有用吧。可是它虽然大,却不能捉老鼠呀!"

"再看看你的这棵大樗树吧,你认为它没有用处。事实果真如此吗?你为什么不把它种在荒无人烟的地方呢?这大樗树生长在这里即使不成材,它也可以为路过的人遮风挡雨。别人也不会吃饱了没事来砍它。正是因为它没用,它才能活得好好的呀!"

成语"樗栎散材"出自《庄子·内篇·逍遥游》以及《庄子·内篇·人间世》。樗树和栎树都因为长得弯曲不直，或是树干上有疙瘩，才被木匠们嫌弃不用的。

樗树、栎树比喻平庸无用的人。

惠子的大葫芦

【庄子·内篇·逍遥游】

　　惠子谓庄子曰："魏王贻我大瓠之种，我树之，成，而实五石；以盛水浆，其坚不能自举也；剖之以为瓢，则瓠落无所容。非不呺然大也，吾为其无用而掊之。"

惠子和庄子这天见了面，相互问好之后，又开始辩论了。惠子对庄子说："哎呀，魏王对我真是很不错啊，送给我一颗大葫芦的种子，我把它种在土里。它开花、结果，长出了一个巨大的葫芦。"

"这个葫芦有多大呢，说出来你都不信，它能装下五石的东西。用它来盛水吧，它的坚固程度经不起提举，一不小心就会破裂。于是，我将葫芦劈成两半，用它做瓢。可是没地方能放，我一生气就把它打碎了。"

庄子站在一旁不说话，静静地听完惠子讲的大葫芦的故事，冷冷地笑了一声："哪里是大葫芦没用，是你不会用它。"于是他给惠子讲起了宋国人的故事。

宋国有个人有独门秘方，可以制作一种特殊的"护手霜"，让手在冬天的时候不被冻裂，所以他们家世世代代都从事漂洗丝絮的职业。

有一位客人听说了这件事，就找到这个宋人，要出一百金买他的药方。这个人立刻开了个家庭会议，他说："我们世世代代漂洗也不过赚几金，现在给这么大一笔钱，我们这下要发财了。"

于是宋人卖掉了药方，客人拿着这个药方去游说吴国。当时吴国和越国正在打仗，吴国就采纳了这个客人的建议，派他去攻打越国。

客人率领吴国军队和越国水战,当时正是寒冷的大冬天,因为吴国士兵涂了药,手脚都没皲裂。可怜的越国士兵冻得"哇哇"叫,最后被吴国打败了。

打了胜仗的客人回到吴国后得到了一块封地,从此过上飞黄腾达的日子。同样是药方,在宋人手里和在客人手里,价值完全不一样。庄子讲完故事对惠子说:"看看人家,你不会使用大葫芦,为什么不把它当作腰舟,去环游世界呢?"

惠子的大葫芦

瓠在古代是指葫芦，从文章里可以看出两千多年前的古人就已经开始种植葫芦了。

成熟的葫芦外壳坚硬，劈成两半，去掉内瓤，可当盛水的容器。葫芦在古代还是一种乐器，为"八音"的一种，现在西南少数民族乐器还保留着葫芦笙和葫芦丝等乐器。

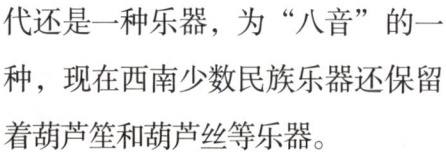

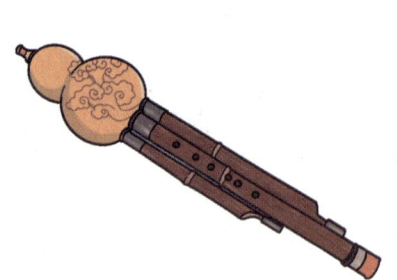

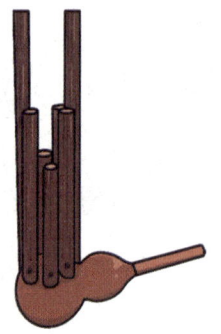

自由的乌龟

【庄子·外篇·秋水】

庄子钓于濮水，楚王使大夫二人往先焉，曰："愿以境内累矣！"

庄子持竿不顾，曰："吾闻楚有神龟，死已三千岁矣，王巾笥而藏之庙堂之上。此龟者，宁其死为留骨而贵乎，宁其生而曳尾于涂中乎？"

二大夫曰："宁生而曳尾涂中。"

庄子曰："往矣！吾将曳尾于涂中。"

庄子为了养家糊口经常去濮水边钓鱼。一次，两个穿官服的人走到庄子身边，庄子知道他们是楚王派来的大夫。他们客气地对庄子说："楚王让我们向您表达敬意，他想请您为国家大事操操心。"

庄子头都不回，专心地看着他的鱼漂，对两位大夫说："我听说楚国有一只神龟，已经死了三千年了。楚王还特别宝贝它，用丝绸把它裹好，将它放到竹箱子里，珍藏在宗庙里。"

庄子问两位大夫："请问这神龟是宁愿死了留下骨壳受人尊敬，还是宁愿在泥里拖着尾巴自由自在地爬来爬去呢？"两位大夫听了哈哈大笑，毫不犹豫地回答说："那当然宁愿在泥里拖着尾巴自由自在地爬来爬去啊！"

庄子钓上来一条大鱼，大笑着对两位大夫说："那你们回去吧，我也愿意拖着尾巴在泥里爬来爬去。"两位大夫一听蒙了，居然上了庄子的当，便无话可说了。

文化小辞典　曳尾于涂

成语"曳尾于涂"出自庄子这则寓言故事。用活着的乌龟在泥里自由自在地生活和死了的乌龟被供奉在宗庙里作对比,引出安于贫贱的思想。

后来也比喻在污浊的环境里苟且偷生。

鸱得腐鼠

【庄子·外篇·秋水】

惠子相梁,庄子往见之。或谓惠子曰:"庄子来,欲代子相。"于是惠子恐,搜于国中三日三夜。

庄子往见之,曰:"南方有鸟,其名为鹓鶵,子知之乎?夫鹓鶵发于南海而飞于北海,非梧桐不止,非练实不食,非醴泉不饮。于是鸱得腐鼠,鹓鶵过之,仰而视之曰:'吓!'今子欲以子之梁国而吓我邪?"

天天跟庄子抬杠的惠子当上了梁国的宰相,庄子还挺想念两人斗嘴的日子,所以他决定去梁国看望惠子。没想到庄子还没到梁国,有人竟然在惠子面前说起了庄子的坏话。

"听说庄子很有才华,他这次来梁国,表面上说是看望您,其实是想取代您,要当梁国的宰相啊!"惠子一听这话,心里突然就打起了鼓。

惠子心里有点儿害怕，毕竟现在坐在宰相的位子挺享受的。他害怕庄子抢走了自己的位子，弄得自己会没面子，于是派士兵在梁国国都搜捕庄子，结果他们搜了三天三夜也没抓到庄子。

庄子正在城里四处游玩呢，听说惠子派士兵抓捕他，不过找了三天三夜还没找到他，他都替老朋友着急，于是自己送上门来。

庄子进了门就对惠子说:"兄弟啊,你知道鹓鶵吗?它从南海出发要飞到北海,这鸟真有骨气,不是梧桐树它就不停下来休息,不是竹子的果实就不吃,连喝的水都要是甘甜的泉水。"

庄子接着说:"有一只猫头鹰得到了一只发臭的死老鼠,鹓鶵刚好从它头顶上飞过,把它吓了一跳,以为鹓鶵会抢它的臭老鼠呢!"

"猫头鹰为了不让鹓雏抢走自己的美味食物,于是十分警觉地抬起头来向鹓雏示威,发出一连串愤怒的声音,想赶跑鹓雏。"

"老兄啊!"庄子语重心长地对惠子说:"你现在也想怒斥我吗?"惠子听了庄子说的话,知道自己错了,连忙向他道歉。

文化小辞典　鹓鶵

传说中，鹓鶵是凤凰的一种，羽毛的颜色偏黄色多一些。古人对凤凰有着极高的推崇，认为它是一种瑞鸟。

它有高洁的品性，以梧桐树为栖息之地，吃竹实、喝甘泉。常用以比喻有才望的年青人，也用来比喻贤才或高贵的人。

濠梁之鱼

【庄子·外篇·秋水】

　　庄子与惠子游于濠梁之上。庄子曰:"鲦鱼出游从容,是鱼之乐也。"惠子曰:"子非鱼,安知鱼之乐?"庄子曰:"子非我,安知我不知鱼之乐?"惠子曰:"我非子,固不知子矣;子固非鱼也,子之不知鱼之乐,全矣。"庄子曰:"请循其本。子曰'汝安知鱼乐'云者,既已知吾知之而问我,我知之濠上也。"

庄子和惠子这天约好到濠水桥上游玩,他们边走边看风景。庄子看到桥下有很多鲦鱼在游来游去,觉得非常有趣,一下子来了兴致。

庄子兴奋地对惠子说:"你看,鲦鱼在水里游得多么自在啊,这是鱼儿的快乐!"惠子一听,马上反驳起来:"你又不是鱼,怎么会知道它们的快乐呢?"

庄子有点儿生气，立刻怼了回去："你又不是我，怎么就知道我不知道鱼儿的快乐呢？"惠子说："我不是你，本来就不知道你的想法；你也不是鱼，很显然你也不知道鱼的快乐！"

庄子冷静了一会儿，认真地说："回到咱们开始辩论的地方。你问我怎么知道鱼的快乐，其实已经明白我知道鱼的快乐才来问我的，只不过想问我从哪里知道的。我从濠水桥上知道的呀！"

文化小辞典：子非鱼，安知鱼之乐？

"子非鱼，安知鱼之乐？"出自《庄子·秋水》，意思是你不是鱼怎么知道鱼的快乐呢？

这也说明了不要总是以自己的眼光去看待他人，也有"己所不欲，勿施于人"的意味。

庄子 和他的 奇幻世界 ②

[战国] 庄周 著
绘时光 编绘

甘肃文化出版社
甘肃·兰州

图书在版编目（CIP）数据

庄子和他的奇幻世界. 2 / （战国）庄周著；绘时光编绘. -- 兰州：甘肃文化出版社，2024.5
ISBN 978-7-5490-2964-8

Ⅰ. ①庄… Ⅱ. ①庄… ②绘… Ⅲ. ①《庄子》—儿童读物 Ⅳ. ①B223.5-49

中国国家版本馆CIP数据核字(2024)第056975号

目录

 庄子哭妻 …… 1

 庄子思念惠子 …… 7

 庄子借粮 …… 13

 曹商嘲笑庄子 …… 17

探骊得珠 …… 21

 庄子穿补丁衣服 …… 27

 井底之蛙 …… 31

 邯郸学步 …… 35

 庄子说剑 …… 39

 尧让天下给许由 …… 47

 灵魂出窍的南郭子綦 …… 53

 啮缺和王倪 …… 59

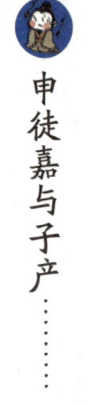
 申徒嘉与子产 95
 圣人王骀 89
快乐的支离疏 83
 石木匠和大栎树 77
秦失哭老子 71
 庖丁解牛 65

庄子哭妻

【庄子·外篇·至乐】

庄子妻死，惠子吊之，庄子则方箕踞鼓盆而歌。惠子曰："与人居，长子、老、身死，不哭，亦足矣，又鼓盆而歌，不亦甚乎！"庄子曰："不然。是其始死也，我独何能无概然！察其始而本无生，非徒无生也而本无形，非徒无形也而本无气。杂乎芒芴之间，变而有气，气变而有形，形变而有生，今又变而之死，是相与为春秋冬夏四时行也。人且偃然寝于巨室，而我噭噭然随而哭之，自以为不通乎命，故止也。"

庄子的妻子去世了,他的好朋友惠子第一时间赶来吊唁。惠子来到灵堂前,看到庄子的样子吓了一跳。只见他伸直两腿坐在地上,怀里抱着瓦盆,边敲边唱歌,好像一点儿也不悲伤。

惠子觉得庄子太无礼了,于是提醒他说:"我说老弟啊,你老婆和你生活了很多年,给你生儿育女,现在她去世了,你不哭也就算了,还敲盆唱歌,太过分了吧。"

庄子解释道:"刚开始的时候,我也是很悲伤的,毕竟是我的老婆啊!可是后来我一想,她出生之前是没有生命的,连形体也没有,不但没有形体,连构成身体的元素也没有。"

庄子开始了他的说理:"生命从没有到诞生,然后从活着到死亡。从生到死,再从死到生,这是一个循环往复的变化过程啊!就像春夏秋冬四季变换一样。死去的人已经在天地之间安息了,我干吗还要哭哭啼啼呢?"

大家都要回归自然,有什么好哭的呢?

庄子对亲人的离世看得很开,而对自己的死也坦然面对。庄子病重的时候,学生想在他死后给他举办盛大的葬礼,庄子十分生气地拒绝了。

庄子说:"我用天地做棺材,把太阳和月亮当成双璧,把星星看成是珠玉,把万物看成是陪葬品。这个葬礼还不隆重吗?"

学生担心地说:"老师,我们害怕您这样直接躺在地上,被乌鸦和老鹰发现,然后被它们吃了啊!"

庄子大笑说:"在地面上会被乌鸦和老鹰吃,在地下也会被蝼蛄和蚂蚁吃。你们把我从乌鸦和老鹰那里夺过来交给蝼蛄和蚂蚁,不是一回事吗!"

成语"鼓盆而歌"出自《庄子·外篇·至乐》,表示对生死保持乐观的态度,后来也表示对妻子去世感到哀痛。

庄子思念惠子

【庄子·杂篇·徐无鬼】

庄子送葬，过惠子之墓，顾谓从者曰："郢人垩慢其鼻端，若蝇翼，使匠石斫之。匠石运斤成风，听而斫之，尽垩而鼻不伤，郢人立不失容。宋元君闻之，召匠石曰：'尝试为寡人为之。'匠石曰：'臣则尝能斫之。虽然，臣之质死久矣。'自夫子之死也，吾无以为质矣，吾无与言之矣。"

亲戚去世了,庄子到郊外去送葬,回来的时候刚好路过惠子的坟墓。庄子回想起以前和惠子在一起辩论的情形,心里很不是滋味,觉得知音难觅。

庄子在墓碑前默默地站了好久,才回过头来对身边的人讲了个故事:从前,楚国的都城里有个泥瓦匠,他的技术很高超。仰着头给人家涂抹墙壁时,一点儿泥浆都不会掉落到身上。

同时,都城里还有一个姓石的木匠。这两个人因为给别人家盖房子经常见面,聊得也很投机,他们成了好朋友。

有一次在干活的时候,泥瓦匠大意了,把泥浆溅到自己的鼻尖上。这个泥点像苍蝇翅膀一样,几乎看不见。

泥瓦匠赶紧找木匠，请他帮忙把泥点削掉。木匠来到泥瓦匠面前，闭上眼睛，挥舞起他的斧头，"呼呼"几下就把泥瓦匠鼻尖上的泥点给削掉了。泥瓦匠站在那里神色不变，一点儿也不怕鼻子被削掉。

讲到这里，庄子感慨地说："谁能想到，木匠的技艺竟然这样出神入化，达到了运斤成风的境界。而这个泥瓦匠对他如此信任和了解，把命都交到他手里，真是知音啊！"

庄子一边羡慕他俩，一边继续讲故事。很多年后，宋元君听说了这件事，就把这个木匠找来，让他再施展一下这项高超的技能。

你真是个大师啊，我想见识一下你的本领。

这恐怕要让您失望了。

木匠连忙摆手说："以前我是能做到，但是那个能让我发挥高超技能的泥瓦匠已经去世很久了。"庄子叹了口气说："惠子死了，我也找不到像泥瓦匠那样能让我发挥技能的人了。"

庄子思念惠子

文化小辞典 运斤成风

成语"运斤成风"出自《庄子·杂篇·徐无鬼》,形容某人的技艺非常娴熟、高超。

多用于褒义,夸赞别人的技艺或能力。

庄子借粮

【庄子·杂篇·外物】

庄周家贫,故往贷粟于监河侯。监河侯曰:"诺。我将得邑金,将贷子三百金,可乎?"

庄周忿然作色曰:"周昨来,有中道而呼者。周顾视车辙中,有鲋鱼焉。周问之曰:'鲋鱼来!子何为者邪?'对曰:'我,东海之波臣也。君岂有斗升之水而活我哉?'周曰:'诺。我且南游吴越之王,激西江之水而迎子,可乎?'鲋鱼忿然作色曰:'吾失我常与,我无所处。吾得斗升之水然活耳,君乃言此,曾不如早索我于枯鱼之肆!'"

庄子家境贫困，经常断粮，他不得已厚着脸皮向别人借粮。这天他来到监河官的家，准备向他借点儿粮食，救救急。监河官说："过几天我封地的税金就要到了，到时候借你三百金。"

庄子一听这话很生气，但他忍着不发火，给监河官讲了一个故事："我昨天来您这里的路上，听到有人在喊救命，发现是车辙里的一条鲫鱼。"可怜的鲫鱼说："好心人，我是东海水族的大臣，遭了小人的暗算，请给我一升水，救我一命，我一定报答你的救命之恩。"

庄子说:"没问题啊!我去南边游说吴越两国的君主,请他们将西江的水引过来,到时候你就能得救了。你觉得怎么样?"

鲫鱼听了瞪大眼睛,气哼哼地对庄子说:"等到你引水过来,我早就干死了!给一升水我就能活命,而你这样说,还不如早点儿去干鱼市场里找我!"

文化小辞典　涸辙之鲋

成语"涸辙之鲋"正是来源于庄子所讲的车辙里的鱼求水的故事。

比喻处在困境中亟待救援的人。

曹商嘲笑庄子

【庄子·杂篇·列御寇】

宋人有曹商者,为宋王使秦。其往也,得车数乘。王说之,益车百乘。反于宋,见庄子曰:"夫处穷闾厄巷,困窘织屦,槁项黄馘者,商之所短也;一悟万乘之主而从车百乘者,商之所长也。"

庄子曰:"秦王有病召医,破痈溃痤者得车一乘,舐痔者得车五乘,所治愈下,得车愈多。子岂治其痔邪,何得车之多也?子行矣!"

宋国有个叫曹商的人，宋偃王让他去秦国当外交官，赏赐了他好几辆马车。他到了秦国，深得秦王的喜爱，秦王赏了他一百辆马车。

曹商带着百辆马车浩浩荡荡地回国，风光无限，引得路过的人艳羡不已。曹商得意得尾巴都要翘上天了，他一见到庄子就开始嘲笑庄子，嫌弃他贫穷寒酸。

曹商吹嘘自己："你住在贫民窟里，生活很糟糕，靠编草鞋为生，整天饿得面黄肌瘦的，这一点儿我可比不上你啊！而我呢，当外交官四处游说，还特别受诸侯欣赏，享受荣华富贵，这是我的长处啊！"

庄子不动声色地对曹商说了一个故事。秦王得了一个怪病，并许下承诺，说谁能治好他的毒疮就赏赐一辆马车，愿意用舌舔治痔疮的人，赏赐五辆马车。治疗的病越是卑污，获得的赏赐就越高。

庄子对曹商露出疑惑的表情，问他："你获得了这么多的赏赐，难道是给秦王治病去了吗？"

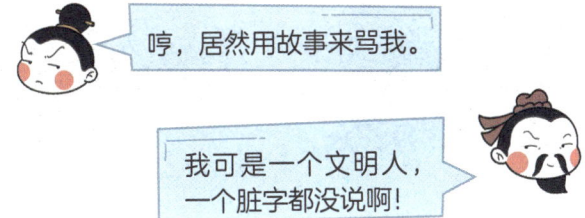

文化小辞典 · 吮痈舐痔

成语"吮痈舐痔"指给人嘬痈疽的脓，舔痔疮，比喻不择手段地谄媚巴结。"舐痔"语出《庄子·列御寇》，意思是舔别人的痔疮，比喻无耻的谄媚行为。

探骊得珠

【庄子·杂篇·列御寇】

　　人有见宋王者，锡车十乘，以其十乘骄稚庄子。庄子曰："河上有家贫，恃纬萧而食者，其子没于渊，得千金之珠。其父谓其子曰：'取石来锻之！夫千金之珠，必在九重之渊而骊龙颔下。子能得珠者，必遭其睡也。使骊龙而寤，子尚奚微之有哉！'今宋国之深，非直九重之渊也；宋王之猛，非直骊龙也。子能得车者，必遭其睡也。使宋王而寤，子为虀粉夫！"

有个宋国人去拜见宋王,很受宋王的赏识,宋王赐他十辆马车,他高兴得脸上乐开了花,于是驾着马车去向庄子炫耀,说他如何得到宋王的夸赞,那人得意洋洋的表情让庄子觉得好笑。

庄子坐上马车,给宋人讲了一个故事。话说这黄河边上住着一户人家,家里穷得叮当响,全家就靠编织芦苇席子生活。他们有个儿子特别爱游泳,还是个潜水高手,经常去深渊里玩潜水。

这家的儿子水性特别好，他又一次潜进了深渊，他游到特别深的地方，周围漆黑一片，突然看到一颗金光闪闪的宝珠，他高兴地取了宝珠带回了家。

回到家里，儿子兴奋地把宝珠捧给父亲看。父亲一看到金光灿灿的宝珠，没有高兴，反而阴沉着脸，内心非常惊恐，赶紧让儿子将这颗宝珠用石头砸碎。

父亲语重心长地教训起儿子来:"这样珍贵的宝珠一定是放在九重深渊里黑龙的下巴底下,一定是黑龙睡着了,你趁它睡着就将宝珠拿了来。"

假如黑龙一觉醒来,发现宝珠不翼而飞,它一定会到处寻找,到时候你就要粉身碎骨了。

儿子听完父亲的话，吓得瑟瑟发抖，赶紧一溜烟跑出去，用石头把宝珠砸碎了。儿子看着碎片，伤心地哭了起来。

庄子说完了故事，对宋人说："现在宋国的情形比九重深渊还危险，宋王凶狠，比黑龙还要可怕。你这样轻轻松松就得到了赏赐，等宋王醒悟过来，你恐怕就要粉身碎骨了。"

文化小辞典

探骊得珠

这个故事后来就演变成一个成语——探骊得珠。骊：古指黑龙，意思是讲从黑龙的下巴底下取得宝珠，原指冒大险得大利。

后来常常被用来指做文章扣紧主题，抓住要领。

文章主旨
今天我们讲下这篇课文的主旨。

庄子穿补丁衣服

【庄子·外篇·山木】

庄子衣大布而补之,正緳系履而过魏王。魏王曰:"何先生之惫邪?"

庄子曰:"贫也,非惫也。士有道德不能行,惫也;衣弊履穿,贫也,非惫也。此所谓非遭时也。"

魏王有事召见庄子,当时庄子正在河边悠闲地钓鱼,他直接穿着平时的衣服,脚踩着用麻绳捆绑的破鞋就去了。

庄子大摇大摆地进了魏王的大门,魏王定睛一瞧,这人可不就是庄子嘛。魏王同情地看着庄子说:"我说先生啊,你怎么这么疲惫困顿呢?"

庄子摇摇头,对魏王说:"我这是贫穷,不是疲惫困顿。读书人胸怀理想,没地方施展,这才叫疲惫困顿。得不到重用,这就是生不逢时啊!"

庄子举了个例子，猴子在楠树、梓树、豫章这样的大树之间攀爬跳跃，就算后羿和逢蒙这样的神箭手也射不到它们。一旦猴子们落到柘树、荆棘、枳树等这些长满刺的灌木丛中，那它们就没有发挥的余地了，一不小心就被扎成了刺猬。所以它们内心恐惧不已。

庄子说："所以啊，我现在不就像那些被扎成刺猬的猴子一样吗？处在君王昏庸无道、大臣们胡作非为的时代，连比干那样贤能的人都被纣王挖了心，我不颓废才怪呢？"魏王听了哑口无言，竟然找不出反驳的理由。

在庄子生活的战国时期,"士"这个社会阶层主要由没落的贵族和有知识或技能的平民组成,如学士、策士、术士、食客等。其中,学士又被称为文士,主要是知识分子,包括儒家、墨家、道家、法家等。

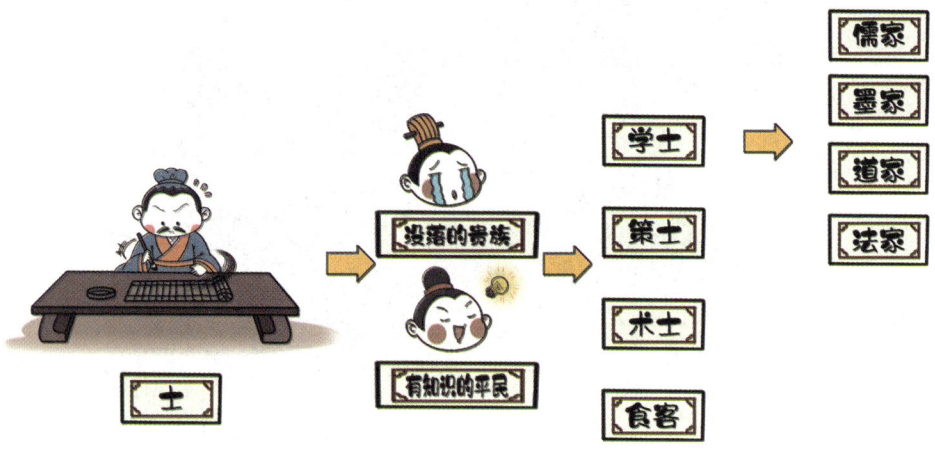

他们多从事教育,著书立说,提出理论,并希望自己的思想能为治理天下服务。

井底之蛙

【庄子·外篇·秋水】

　　谓东海之鳖曰："吾乐与！出跳梁乎井干之上，入休乎缺甃之崖；赴水则接腋持颐，蹶泥则没足灭跗；还虷、蟹与科斗，莫吾能若也。且夫擅一壑之水，而跨跱坎井之乐，此亦至矣。夫子奚不时来入观乎？"

一只青蛙住在一口井里，它认为自己住的地方简直是豪华的大别墅，经常在井口边洋洋得意地和过往的人打招呼。有一天，一只从东海来的海龟从井边路过，青蛙想和它聊天。海龟第一次来这里，见青蛙这么热情，就停下来和它说话。

青蛙得意地给海龟介绍起了自己的大别墅。它说："我住在大别墅里，快活得赛神仙。出了井口就是大阳台，回到井里，井壁上的砖缝就是我的大床。"

青蛙兴奋地跳进了井里,说它在井里蛙泳、仰泳、自由泳,还能踩泥巴,比那些小虫子、小蝌蚪要快乐多了!说着它就热情邀请海龟来它的豪宅做客。

海龟兄,快来和我一起游泳啊!

真的假的,可是我进不去啊!

海龟想下去一探究竟。没想到左脚还没伸进去,右脚就被绊住。它慢慢退了回来,给青蛙讲起它在东海的家。海龟说,大海无边无际,大禹时,十年有九年发大水,大海也没见涨多少;商汤时,八年有七年干旱,海水也没见少多少。这就是我待在东海的快乐啊!

没想到大海居然那么大,溜了溜了。

你这豪宅也太小了点儿吧!

成语"井底之蛙"出自《庄子·外篇·秋水》,指生活在井底的青蛙认为世界只有井口那么大,用来比喻那些目光短浅、心胸狭隘之人。

这个成语告诉我们,人外有人,山外有山,世界总是比人们想象中的要大,要始终保持清醒的头脑和进取的精神。

邯郸学步

【庄子·外篇·秋水】

　　子往矣！且子独不闻夫寿陵余子之学行于邯郸与？未得国能，又失其故行矣，直匍匐而归耳。

话说战国时期,燕国寿陵有个少年,喜欢模仿别人。他听说赵国都城邯郸的人走路的姿势十分优美,于是决定前往邯郸学习。

少年马车转驴车,终于来到了邯郸。他往大街上一站,看着来来往往的行人,发现他们走路的姿势果然很优雅。

少年赶紧向行人学了起来。别人迈开左脚，他也迈开左脚，人家抬起右脚，他也抬起右脚。但是学了几天他怎么也学不像，反而越走越别扭，姿势扭扭捏捏，比以前还难看。

少年想一定是他的方法不对，于是仔细琢磨每个动作，又练习了三个月。没想到他还是没学会邯郸人的走路姿势，就连自己原来的步法也忘得一干二净了。最后，少年彻底不知道该怎么走路了，只能爬着回到燕国。

文化小辞典 邯郸学步

成语"邯郸学步"出自这篇故事,它比喻一个人不知变通,一味地模仿他人,不仅没学到本事,反而把自己原来的本事丢掉了。告诫人们盲目模仿,可能会适得其反。

庄子说剑

【庄子·杂篇·说剑】

　　昔赵文王喜剑，剑士夹门而客三千余人，日夜相击于前，死伤者岁百余人，好之不厌。如是三年，国衰，诸侯谋之。

　　太子悝患之，募左右曰："孰能说王之意，止剑士者，赐之千金。"左右曰："庄子当能。"

赵文王爱好剑术，为此专门养了三千多名剑士，让这些人天天在自己面前决斗。几年下来，国势衰败，别的国家瞅准时机想要攻打赵国。

赵文王玩物丧志，但他儿子赵悝却很理智，想让他停止这种残忍的游戏，于是赵悝宣布谁能让赵文王戒掉这个恶习就赏赐千金。有人就向赵悝推荐了庄子，说他一定能说服赵文王。

赵悝派人带着千金厚礼来找庄子，没想到庄子一分钱都没收，就跟着使者来了。赵悝问他为什么不收礼。庄子说："我要是没说服赵王会招来杀身之祸，若成功说服了，我想要什么东西还是难事吗？"

赵悝说："我老爹只喜欢剑士，而且他见到的剑士都是满头蓬发，鬓毛突出，帽檐低垂，穿着后幅较短的衣服，瞪着双眼。先生您穿着儒服去见我老爹，一定会把事情搞砸的。"

庄子说:"那就给我做一套剑士的服装吧。"三天后,庄子乔装打扮成剑士的模样去见赵文王,赵文王早就迫不及待地要见这位传说很厉害的剑士了。

赵文王见庄子这身打扮,有意试探他是真是假,于是就问他用什么剑术来战胜对手。庄子说:"我的剑术十步之内能杀一人,行走千里也没人能阻挡。"赵文王听了大喜,认为庄子很厉害。

赵文王让庄子先休息几天,他要安排一场盛大的比赛。赵文王用了七天的时间让手下的剑士先比试,死伤了六十多人才挑出五六个最强的出来,让他们挑战庄子。

赵文王问庄子喜欢用长剑还是短剑。庄子说:"我的剑术长短都适用,不过我有三种剑,随便大王选用。"赵文王好奇是哪三种剑。庄子说:"请让我好好向大王介绍一下。"赵文王点头同意了。

第一种剑是天子之剑。它用燕溪和石城做剑锋,齐国和泰山做剑刃,拿晋国、卫国做剑脊,周地和宋国做剑环,韩国和魏国做剑柄,四境和四时做剑鞘……靠刑法和德化来论断,遵循四季自然之道来运行。这把剑用起来所向无敌,让天下人全都归服。

第二种剑是诸侯之剑。它用智勇之士做剑锋,清廉之士做剑刃,贤良之士做剑脊,忠诚圣明之士做剑环,豪杰之士做剑柄。这种剑也所向披靡,像雷霆一样震撼四境之内,没有人敢不服从国君的命令。

第三种剑是庶人之剑。用这种剑的人全都是满头蓬发，鬓毛突起，戴着低垂的帽子，穿着后幅较短的衣服，瞪着双眼，说话不流利。他们在人面前相互打斗厮杀，跟斗鸡没什么区别。一旦一命呜呼，对国家没有什么用处。

庄子长长地叹了口气说："大王您现在拥有天子的地位却喜欢庶人之剑，这样恐怕不合适吧。请大王平定心气，关于剑术的事情我呈奏完了。"于是赵文王在家面壁思过了三个月，剑士们都在居处自杀了。

文化小辞典 门客

春秋战国时期，诸侯国的贵族盛行养门客。这些人有特定的才能，比如谋士出谋划策，武士担任保镖，保护主人的安全。

> 你认为我之前说的方法如何？

> 这件事您说得对，我受益匪浅！

> 别动！

> 大王别怕，我来保护你！

> 嗯！有你在我放心！

> 今天又是无所事事的一天！

> 是啊！每天这样无忧无虑真不错！

他们的身份不同于家奴，没有固定工作，关键时刻替主人办事。有的级别高的门客，享受很高的礼遇。也有一般的门客没有真才实学，仅仅为了混吃混喝。

尧让天下给许由

【庄子·内篇·逍遥游】

尧让天下于许由，曰："日月出矣，而爝火不息，其于光也，不亦难乎！时雨降矣，而犹浸灌，其于泽也，不亦劳乎！夫子立而天下治，而我犹尸之，吾自视缺然，请致天下。"

上古的时候有个叫尧的人,他被大伙推举做了天子,管理天下的事务。他工作勤勤恳恳,一年365天没有一天肯休息。在他的努力下,天下太平,老百姓的日子过得还不错。

有一天,尧听说了一个叫许由的人。这个人可不得了,大家都一个劲儿夸他,说他品德高尚,说他非常聪明。总之说得天花乱坠,像天上下凡的神仙一样。

尧站在一旁听了他们的谈论,心里暗暗惊叹,天下竟然还有这样既有才能,人品又很好的人。这样的高人怎么能浪费呢?赶紧把他找来接替我,好让我退休享享清福。

于是,尧就派人四处打听许由的下落。没过多久,许由就被找到了,他隐居在山里,一般人还真不容易见到他。

尧非常高兴,很恭敬地对许由说,当太阳明晃晃地照着大地,或者月亮在夜空放出光芒,还点着小火苗,岂不是多此一举吗,这小火苗哪里比得上太阳和月亮啊。

尧接着说，您就是干旱时的及时雨啊，我天天辛辛苦苦浇地，也没啥用。您要是来治理天下，百姓一定过得更好。

尧顺便自我反省了一下，觉得很多地方都没做好。他非常诚恳地一定要把天子之位交到许由的手里。

许由说，您已经把天下治理得很好了，我还来管闲事吗？难道是为了千古留名？名声这个东西我可不要。

许由指着树上的一只鸟说，你看这只鸟在这林子里搭鸟窝，只占据一块小小的地方。我也是啊，只需要住这么大点儿的地方。

许由又指着不远处的河边，一只田鼠正在那里喝水。许由说，田鼠只是喝口水把肚子给填饱罢了。我就跟这田鼠一样，吃饱饭就行，天子的名号对我啥用处都没有。

尧还是没有放弃的意思。许由说，我现在生活得很快乐，根本不需要当什么天子，您还是赶紧打道回府吧。

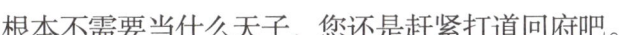

许由没好气地说，厨师虽然不尽职，尸祝也不必越位而代替他去烹调。你做你的天子，我当我的隐士，咱们井水不犯河水，这不是挺好的吗？

文化小辞典：鼹鼠饮河，越俎代庖

鼹鼠饮河这个成语出自尧让天下给许由这个故事，后来人们就把这个成语引申为人的需求有限，很容易满足。

越俎代庖也出自这个故事，"俎"是古代一种摆放祭祀礼品的礼器，用来指代主持祭祀的人，而"庖"指的是厨师。这个成语比喻一个人不能越过自己的职权范围，去处理别人主管的事务。

你怎么还抢我的饭碗呢！

灵魂出窍的南郭子綦

【庄子·内篇·齐物论】

南郭子綦隐机而坐,仰天而嘘,荅焉似丧其耦。颜成子游立侍乎前,曰:"何居乎?形固可使如槁木,而心固可使如死灰乎?今之隐机者,非昔之隐机者也。"

子綦曰:"偃,不亦善乎,而问之也!今者吾丧我,汝知之乎!女闻人籁而未闻地籁,女闻地籁而未闻天籁夫!"

有一天,一个叫南郭子綦的人很悠闲地靠在茶几上,静静地坐着。他闭着眼睛,把脸对着天,不停地吐气,好像忘掉自己的存在一样。

这时候,南郭子綦的学生颜成子游看到老师这副模样,一肚子疑惑。他问南郭子綦:"老师啊,您为啥会这样呢?人的身体可以像枯死的木头一样,内心也可以像死灰一样吗?"

南郭子綦非常高兴地对他的学生说:"你平时不怎么开窍,今天这个问题倒是问得好啊!我今天好像感觉不到自己的身体了,完全忘记自己的存在了,你能懂这一点吗?"

南郭子綦开始给他上课了。"你不懂也不怪你,就像你能听到别人吹喇叭,但听不到风吹过大地上的无数个洞穴的声音,更别说能听到天地万物发出的声音了。这就是人籁、地籁、天籁的分别。"

颜成子游觉得老师说的人籁、地籁和天籁这三种不同的声音很玄妙，就请教老师它们之间的关系。南郭子綦说："人吹响乐器发出的声音是人籁，这种声音要依靠人的力量。"

南郭子綦接着说，大风一刮，整个山林就像个超级乐队一样。树枝扭动起来，树身上有大大小小的孔洞，奇形怪状。风从这些洞里穿过，发出的声音有的像流水，有的像箭鸣……这种声音是"地籁"。

南郭子綦说，这些从树洞里发出的声音之间会相互应和，像合唱一样。风小，和声就小；风大，和声就大。如果猛烈的风突然停止，千千万万个树洞顿时会安静下来，就好像合唱结束的那一刻。所以说，"地籁"也需要依靠外力的作用。

颜成子游总算清楚了人籁和地籁是怎么回事，但是天籁又是什么呢？南郭子綦捋了捋胡须，若有所思地说："发出天籁之音的事物有千千万万，而且千变万化。天籁完全出于自然，不依靠别的东西。"

成语"天籁之音"出自这个故事,它指自然界自然发出的声响,后来指高雅的音乐。

古时有"三音"的定义:古琴之音为天籁,土埙之音为地籁,昆曲之音为人籁。

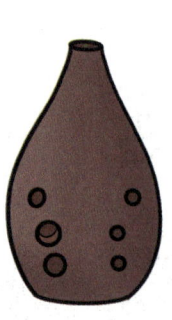

啮缺和王倪

【庄子·内篇·齐物论】

啮缺问乎王倪曰:"子知物之所同是乎?"曰:"吾恶乎知之!""子知子之所不知邪?"曰:"吾恶乎知之!""然则物无知邪?"曰:"吾恶乎知之!虽然,尝试言之。庸讵知吾所谓知之非不知邪?庸讵知吾所谓不知之非知邪?"

有一次,啮缺向王倪请教问题。啮缺问:"您知道万物有什么共同之处吗?"王倪答:"这我哪知道!"又问:"您知道您不知道的根由吗?"王倪答:"这我哪知道!"再问:"那万物是没法了解了?"王倪答:"这我哪知道!"

啮缺接连遭受打击,皱起了眉头,没想到自己的问题这么难,一下子把王倪给难倒了。

王倪看他愁眉不展,就好言安慰他:"对于你的这些问题,的确不好回答,我试试看吧。"

王倪说:"我曾经问过你,人睡在潮湿的地方,腰就会得病。泥鳅也会这样吗?人如果住在树上肯定天天担心会不会从上面摔下来。猿猴也会这样吗?人、泥鳅和猿猴,究竟谁知道居住在哪里最合适呢?"

人吃肉，麋鹿吃青草，蜈蚣吃小蛇，猫头鹰和乌鸦喜欢吃老鼠。人、麋鹿、蜈蚣、猫头鹰和乌鸦，到底谁知道真正的美味佳肴呢？

毛嫱和丽姬是公认的绝世大美人，但是鱼见到她们吓得游到更深的地方，鸟见到她们惊得直飞冲天，麋鹿见到她们迅速逃跑，到底谁知道真正的美呢？

王倪说:"天下的事,对有的人来说有好处,对有的人来说却是坏处。这些事没有共同之处,很难说清楚谁是谁非。"啮缺紧追不舍地问:"您不知道事物的利与害,难道智慧最高的人也不知道吗?"

我就想打破砂锅问到底。

可惜,你的问题没有标准答案啊!

王倪说:"最高智慧的人是神奇的。树木杂草在熊熊燃烧,他居然感觉不到炎热;江河里的水都结了冰,他也感觉不到寒冷;霹雳劈开山上的石头,大风暴卷起海浪,他也不感到惊慌。这种人之所以能这样处变不惊,是因为他能像云朵一样随着大气流动,像太阳和月亮一样在高空中运行,遨游在四海之外。连生和死都不会改变他的状态,更何况利与害这样鸡毛蒜皮的小争端呢?"

文化小辞典　沉鱼落雁

成语"沉鱼落雁"出自这则故事，庄子的本意是指世间的事物没有标准可言，在人看来是美的东西，动物并不觉得美，甚至因为害怕而逃跑。

后来这个成语用来形容女子容貌美丽，鱼和雁都看痴了。

庖丁解牛

【庄子·内篇·养生主】

庖丁为文惠君解牛,手之所触,肩之所倚,足之所履,膝之所踦,砉然响然,奏刀騞然,莫不中音,合于《桑林》之舞,乃中《经首》之会。

战国时期，魏国宫廷有个厨子，叫庖丁。庖丁有一项特殊的技能，就是精通解剖牛。一天宫廷里举行祭祀宰了一头牛，魏王一时兴起，想让庖丁展示一下技能，解剖这头牛。

庖丁来了，他拿着刀对着空中比画了几下开始解剖。只见他用手在牛身上这摸摸那按按，一会儿又用肩膀顶住牛身，一会儿又用脚踩踩牛身。他不停地变换姿势，刀在他手里翻转腾挪，看上去潇洒利索。

文惠君和大臣们在一旁看得入迷。大家听到皮骨和肉分离的声音，听到刀切割牛身的声音，这些声音竟然像音乐一样好听，与舞蹈《桑林》合拍，又与《经首》节奏一致。

太妙了！太厉害了！

太神奇了！竟然像听音乐一样。

文惠君看了庖丁解剖牛，十分惊叹，周围的大臣和侍从也看得目瞪口呆。文惠君惊叹他的高超技术，问他是怎么做到的。庖丁放下刀，擦了擦手，准备发表他的演讲。

庖丁清了清嗓子，说："我追求的是'道'，比技术更高深一步。我刚开始学习宰牛的时候，眼前见到的都是完整的一头牛。可是学了三年之后，眼前看到的都是由各种骨头和关节组成的牛。"

"到了现在呢，我闭着眼睛凭着心与牛接触而不用看它。我的感官在休息，可以随心所欲依照牛的骨肉结构去解剖，顺着骨头缝隙进刀，按照牛本身的构造运刀，不动经络筋腱，更不碰大骨头。"

随心所欲，任我游走。

"好厨师一年换一把刀,因为他们常常割到牛身上的筋腱,刀难免有所损坏。而一般的厨师呢,他们基本上一个月换一把刀,因为他们解剖牛的时候经常碰到骨头,一不小心就把刀刃弄折了。"

"而我这把刀已经用了十九年了,宰杀了好几千头牛,刀刃还是像刚磨出来的新刀一样。骨节是有缝隙的,而刀的锋刃却没有厚度。用没有厚度的锋刃进入有缝隙的骨节,对于运刀来说绰绰有余了。"

"但每当碰到筋骨交错的地方,还是得非常小心谨慎,眼光停留在难处,动作也迟缓了,刀子微微移动。等解开时,牛肉像一堆泥一样摊在地上。"文惠君高兴地说:"说得好,我也明白了养生的道理。"

文化小辞典:游刃有余,踌躇满志

成语"游刃有余"和"踌躇满志"都出自庖丁解牛这个故事,游刃有余原指庖丁在解剖牛的时候,刀刃在骨头的缝隙中运转时有回旋的余地。后来人们用它比喻人的技术非常熟练,从容应对,解决困难很轻松。

踌躇满志是说庖丁在碰到筋肉骨节交错的地方,小心谨慎地应对,顺利解决困难后那种从容自得、心满意足的状态。后用来形容一个人对自己所干的事情非常满意,或对取得的成就非常得意。

秦失哭老子

【庄子·内篇·养生主】

老聃死,秦失吊之,三号而出。
弟子曰:"非夫子之友邪?"
曰:"然。"
"然则吊焉若此可乎?"
曰:"然。始也吾以为其人也,而今非也。"

老子去世了,他的家人和学生们给他办了个隆重的追悼会。一大帮人为老子的去世感到难过,都哭得稀里哗啦的,那感情比他在世的时候还要深厚。

老子的好朋友秦失也来了,来见老朋友最后一面。大家以为他会发点感慨或是追思一下好友的往事。没想到,他进到灵堂里,只是哭了三声,立马转身走了。

老子的学生们看不下去了,毕竟逝者为大,更何况是好朋友。学生们在门口拦住秦失,让他给个说法。

秦失语重心长地对老子的学生们说:"我哭三声已经很对得起老朋友了。以前,我以为你们老师是俗人,现在我不这样认为了。"

学生们都很惊讶秦失说出这话来。秦失不客气地说:"刚才我吊唁的时候,看到老人像在哭自己的孩子,少年像在哭自己的父母。说明他们没有遵循天道啊!"

老子其中的一个学生说:"这不是人之常情吗?"秦失说:"说明你们这群人啊,跟着你们老师都白学了。你们这是背离正常的感情,忘记了人的寿命本来就是有限的。"

"你们老师在适当的时候出生,现在又在适当的时候逝去,这就是顺其自然啊。对于一个顺应天道的人来说,他的生死就不应该与哀和乐联系在一起。"

秦失捋捋胡须,像远古高深的智者,意味深长地总结道:我们的生命就像一团熊熊燃烧的火焰,而我们的身体就像用来生火的木柴。木柴是有限的,但火的传播却没有穷尽。

成语"薪火相传"出自《庄子·养生主》的这则寓言故事。

本意是指生命生生不息,后来引申为学问和技艺代代传承,永不止息。

石木匠和大栎树

【庄子·内篇·人间世】

匠石之齐，至于曲辕，见栎社树。其大蔽数千牛，絜之百围；其高临山，十仞而后有枝；其可以为舟者旁十数。观者如市，匠伯不顾，遂行不辍。

从前,有个叫石的木匠带着徒弟到齐国去干活。他们一路上马不停蹄,在一个叫作曲辕的地方见到一棵为社神的栎树。这棵树大到树荫能遮住几千头牛,量量它的粗细,周长有百围。

这棵栎树非常高大,树干耸出山顶七八丈高的地方才开始长出分支,分支能造船的就有十来枝。很多人都在路边停下来观赏它,人多得像集市一样。可是石木匠连看都不看一眼,就走了。

石木匠的徒弟看了很久,一边看一边赞叹,等他师父走了很远,他才一路跑着追上来。他对石木匠说:"我自从拿起斧子跟随师父您以来,还没见过这么大的树,师父你怎么连看都不看一眼就走了呀?"

石木匠说:"这树一看就是堆废材,用它做船船会沉,用它做棺材很快会腐烂,用它做家具很快会损坏,用它做门很快会流出树脂,用它做梁柱会生虫子。这是一棵没用的树,因为没用才活得那么久。"

他们到齐国办完事后,石木匠回到家。一天夜里梦见大栎树生气地对他说:"你这个人怎么这样鄙视我啊?居然把我和那些纹路端正的木材相比较,我可是神树!"

"你看那些山楂、梨树、柑橘、柚子等结果子的树,果子成熟后人们就来击打、攀折、采摘,这些树惨遭蹂躏,因为有用的果实害了它们,让它们活不到老,中途就死去了。"

"我追求不被人利用,多少次差点成了刀下亡魂,熬到现在才有幸保全。假如我也有用,怎么可能长到现在这么大。你和我都是自然万物的一种,你凭什么说我是没用的木材,我看你才是将要死亡的无用之人。"

石木匠醒来后把梦告诉了徒弟,徒弟疑惑地问:"它既然追求无用,怎么还当起了社神?"石木匠捂住他的嘴巴说:"它长在土地庙,就是为了让人知道它的无用,这样才不会被砍了当柴烧,这是它保命的好方法呀!"

文化小辞典：无用之用，方位大用

有时候，我们看似无用的事，当站在另一个角度看，反而有大的用处。

人生得意时，人们可以好好地享受事业带来荣光和充实。当事业暂时停止、解甲归田或是退休在家时，就享受一下闲暇时光，做一些看似无用的事情，享受生命的乐趣。

快乐的支离疏

【庄子·内篇·人间世】

支离疏者,颐隐于脐,肩高于顶,会撮指天,五管在上,两髀为胁。挫针治繲,足以糊口;鼓策播精,足以食十人。

古时候有个身体残疾的人,叫支离疏。据说他的脸颊隐藏在肚脐之下,肩膀比头顶还高。由于他的脊柱弯曲,走路的时候必须低着头,这样后脑勺上的发髻像冲天炮一样对着天空。

不仅如此,支离疏身上的肝、心、脾、肺、肾等器官和各种穴位都在脊背之上,两条大腿因为肌肉萎缩和肋骨靠在一块。与正常人相比,支离疏长得实在是太奇怪了,但他天生这样,所以大家对他既害怕又同情。

虽然支离疏身体残疾，有时候还会被人嘲笑，但他一点儿也不在意别人的看法。他靠给别人缝洗衣服挣钱养活自己，一点儿也不担心会饿死，吃饱喝足，天天过得很潇洒。

除了缝洗衣服这项本职工作，有的时候支离疏还干点儿兼职——去市场干清理谷物的活。这个工作也能给他带来不错的收入，他不仅能养活自己，甚至养活十口人都没有问题。

大家对支离疏很友好,看他长得这样奇怪会生出同情心。有时候支离疏遇到困难了大家会主动去帮助他,有时候大家遭遇伤心难过的事,看到支离疏快乐地忙来忙去,一点儿也不为自己伤心,也就不难过了。

国家遭到敌人入侵,官府在招募士兵,所有的青壮劳动力都要上战场去打仗,但支离疏因为身体残疾,肩不能扛、手不能提,所以官员看都不看他一眼。

君王爱民如子，怜悯孤寡老人、残疾病重的人，支离疏就成了被重点关怀的对象，官府就会多给他一些粮食和柴草。

支离疏就这样快快乐乐地生活着，一点儿也不忧愁，反而别人发愁的时候他还去安慰他们。有的时候，他甚至都忘记了自己是个残疾人，获得了比别人更多的幸福。

文化小辞典　失之东隅，收之桑榆

　　成语"失之东隅，收之桑榆"，东隅，东方日出处，指早晨；桑榆，西方日落处，指傍晚。比喻这个时候失败了，另一个时候得到了补偿。近义词是"塞翁失马，焉知非福"。

圣人王骀

【庄子·内篇·德充符】

鲁有兀者王骀,从之游者与仲尼相若。常季问于仲尼曰:"王骀,兀者也,从之游者与夫子中分鲁。立不教,坐不议,虚而往,实而归。固有不言之教,无形而心成者邪?是何人也?"

鲁国有个人叫王骀，他不知道因为什么原因被砍去了一只脚。当时的人把断了一只脚的人称为"兀"，所以人们就叫他"兀者王骀"。

这个王骀很有学问，很多人跟随他学习。据说王骀收的学生不比孔子少。

一个叫常季的鲁国贤人，听说有很多人跟随王骀学习，甚至要超过孔子。他很不理解，于是就跑过来问孔子。

常季说:"王骀这个人被砍去一只脚,但跟随他学习的学生人数和您的差不多。他和学生面对面站着却不说话,面对面坐着却不发表意见。向他请教的学生去的时候脑子里空荡荡的,回来的时候就装满了知识。"

"王骀什么话也不说,他的学生就受到教育了;他什么也不用做,学生的内心就得到了充实和升华。世界上还真有这样简单的事情吗?王骀到底是个什么神人啊?"

孔子笑着说:"王骀是一位圣人啊!我的知识和品行都远远落后于他,连我都要拜他为师,更何况其他人。我觉得不光是鲁国人,甚至是全天下的人都要跟随他学习啊!"

常季又问:"王骀被砍去了一只脚,但您说他的知识和品行都超过了您,比一般人更是高了不知道多少倍,那他是如何运用他的心智来影响其他人的呢?"

孔子回答说:"人的出生和死亡是不可改变的两件大事,但王骀面对生死一点儿不受影响,即使天崩地裂他都面不改色。他掌握着事物千变万化的规律,使自己居于掌控的位置。"

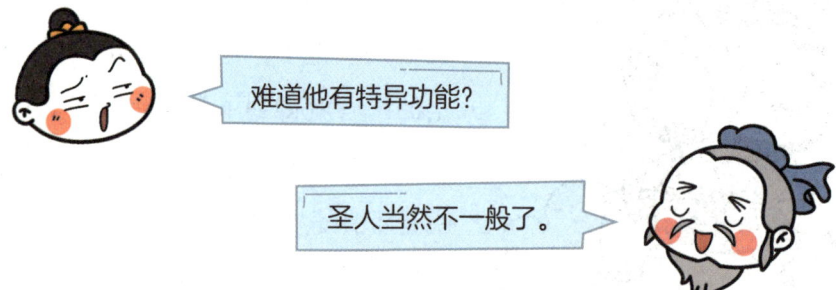

难道他有特异功能?

圣人当然不一般了。

常季一时间摸不着头脑,孔子解释说:"从事物的差异性来看,生长在同一身体里的肝和胆,就像是楚国和越国。但是从统一性的角度来看,万物都是一回事。能做到这一点,就超凡脱俗,随心所欲了。"

没看到我只有一只脚吗?

孔子说:"像王骀这样的人,一点儿也不在意哪些声音适合听,哪些颜色适合看。他一心一意专注的是自己的内心是否能够自由翱翔。"

"在王骀眼中,万事万物都是相同的,所以对自己断足一点儿也不在意。他觉得失去了一只脚,就像丢弃一块泥巴一样,没什么可惜的。"

先生,我给您做一条假腿,这样看上去好看一点儿。

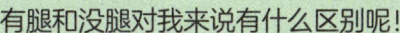

有腿和没腿对我来说有什么区别呢!

"王骀已经达到了与万物相融为一的境界,所以大家都愿意跟随他学习。他一点儿也不把教导学生当一回事,反而打算选个好日子远离尘世。是人们要追随他,所以他既不说话,也不以身示范。"

文化小辞典：不言之教，有教无类

老子和庄子的教育思想是"理想派"，即"不言之教"。《道德经》说："天下之至柔，驰骋天下之至坚。无有入无间，吾是以知无为之有益。不言之教，无为之益，天下希及之。"

不言之教就是不通过言语的教化，而是通过其他方式，比如老师独特的人格、做事的方式方法等潜移默化影响学生的一种教育。

孔子的教育思想是"人生派"或"行动派"，他提倡"有教无类""举一反三"，只要是好学之人，孔子都愿意教他们，而且他喜欢教会反思的学生。

申徒嘉与子产

【庄子·内篇·德充符】

申徒嘉,兀者也,而与郑子产同师于伯昏无人。子产谓申徒嘉曰:"我先出则子止,子先出则我止。"

从前,有个人叫申徒嘉,他是个被砍去一只脚的人。他与郑国宰相子产是同学,共同拜伯昏无人为师,学习大道。

子产表面上看起来和申徒嘉相处和谐,但在一起上课时,他总感觉浑身不自在。有一天,子产私下跟申徒嘉商量说:"如果我先出去了,你就留下来上课;如果你先出去了,我就留下来上课。"

子产之所以这么傲慢,是因为他觉得自己堂堂一个郑国的宰相,位高权重,仪态举止优雅,享受着荣华富贵,出门在外左拥右护。而申徒嘉只不过是个地位低微的残疾人,哪里配得上和自己在一起上课。所以子产一刻都不想和申徒嘉待在一起。

第二天，子产兴高采烈地来上课，结果看到申徒嘉早早就到了教室。子产很不高兴地说："我昨天不是说了吗？我出去你就留下，我留下你就出去。"然后还讽刺他说："你见到宰相都不避让，怎么这么不懂礼数？"

申徒嘉瞪大眼睛，吃惊地说："我以为老师收的学生都是品行端正的人，居然还有像你这样见识短浅、胸襟狭隘的人。你以为自己是宰相就了不起了？"

"我听说，镜子上落了灰尘就不明亮了，长期和贤人相处会减少过错。你来跟老师学习大道，竟然说出这样的话，不是白学了吗？"

申徒嘉与子产

子产一点儿也不觉得自己做错了,他又挖苦申徒嘉说:"你已经是个被砍去一只脚的残疾人了,还想着跟尧这样的贤人比呢。你还是掂量掂量你的德行吧,都被砍断脚了还不好好反省吗?"

申徒嘉心平气和地说:"自己犯了法却为自己喊冤,认为自己不应当受到惩罚,这样的人很多;自己犯了法却毫不掩饰,愿意接受惩罚,这样的人却很少。如果一个人平静地接受命运的安排,那他一定是个品德高尚的人。"

"以前有很多人嘲笑我只有一只脚,我听到后气得火冒三丈。但自从跟着老师学习之后,我学会了慢慢平息内心的怒火。

"我跟随老师学习了十九年,从来没觉得自己是个残疾人。现在我们一起跟随老师学习大道,你却因为我的外貌而瞧不起我,这不是很荒谬吗?"

听到这里,子产的脸越来越红,直冒冷汗,感到羞耻不已。他心虚地捂着耳朵,向申徒嘉挥手想打断他,不停地说:"你不要再说了,不要再说了。"

孔子有两个弟子,一个叫子羽,一个叫宰予。子羽长得像丑八怪,孔子对他的第一印象不好,觉得他没有才华,对他态度很冷淡,子羽后来不得不自学成才。而宰予长得很英俊,口才又好,孔子很欣赏他,但没想到宰予比较懒,经常大白天睡懒觉,让孔子很失望。最后,孔子从子羽身上明白了以貌取人是不对的。

庄子 和他的 奇幻世界 ③

[战国] 庄周 著
绘时光 编绘

甘肃文化出版社
甘肃·兰州

图书在版编目（CIP）数据

庄子和他的奇幻世界. 3 /（战国）庄周著；绘时光编绘. -- 兰州：甘肃文化出版社，2024.5
 ISBN 978-7-5490-2964-8

Ⅰ. ①庄⋯ Ⅱ. ①庄⋯ ②绘⋯ Ⅲ. ①《庄子》—儿童读物 Ⅳ. ①B223.5-49

中国国家版本馆CIP数据核字(2024)第056976号

目录

 孔子见老子 …… 31

 『天师』童子 …… 25

 管仲荐宰相 …… 19

 天根请教无名人 …… 13

 颜回坐忘 …… 7

 爱学习的叔山无趾 …… 1

 朱泙漫学屠龙 …… 65

 梓庆削木 …… 59

 吕梁游泳人 …… 53

 纪渻子养斗鸡 …… 49

 出神入化的船夫 …… 43

 驼背老人捕蝉 …… 37

王子搜逃命 …… 93

徐无鬼见魏武侯 …… 87

北宫奢募捐 …… 83

灌园老人 …… 77

吴王射猴 …… 73

鲁侯养鸟 …… 69

爱学习的叔山无趾

【庄子·内篇·德充符】

鲁有兀者叔山无趾，踵见仲尼。仲尼曰："子不谨，前既犯患若是矣。虽今来，何及矣！"无趾曰："吾唯不知务而轻用吾身，吾是以亡足。今吾来也，犹有尊足者存，吾是以务全之也。"

鲁国有个人犯了罪被砍去了脚趾，大家都喊他"叔山无趾"。因为没有脚趾，他只能用脚后跟走路，虽然不方便，但比砍掉整只脚的人要幸运。叔山无趾很好学，经常向孔子请教问题。

有一天，叔山无趾又来拜访孔子了。孔子刚准备出门，就有点儿不耐烦地说："你以前做人不小心，触犯了法律被砍了脚趾，现在来找我求学，还有什么用啊？"

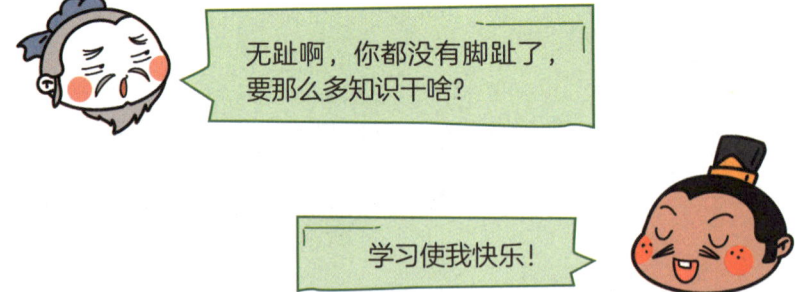

叔山无趾说:"以前我不懂做人的道理,所以才会犯错误,失去了我的脚趾。现在我来请教您,是因为还有比脚趾更珍贵的东西,我竭尽所能就是想保全它啊!"

追求真理!

"天无边无际,世界上什么东西都能被它覆盖;地非常厚实,没有什么是它不能负载的。我把您当成天地,以为您是无所不知的圣人,没想到您还很在乎人的形骸啊!"

您就是我无限崇拜的偶像啊!

这哪里是我,这明明就是开天地的盘古!

孔子听了叔山无趾的话脸一红，承认自己孤陋寡闻，连忙恭敬地把叔山无趾请到屋子里，让他把所见所闻说给自己听。于是，叔山无趾毫不谦让地讲了自己所知道的道理。讲完之后，叔山无趾就离开了。

叔山无趾离开后，孔子对他的学生们说："看看你们一个个的，还没有叔山无趾努力，他一个被砍了脚趾的人都想着学习，弥补以前的过错，何况你们这些四肢健全的人呢！"

有一天,叔山无趾去见老子。他对老子说:"孔子恐怕还没达到至人的境界吧。要不然他怎么会向您讨教呢?孔子周游列国,一心想做圣人。可他追求的理想在别人看来根本就是枷锁啊。"

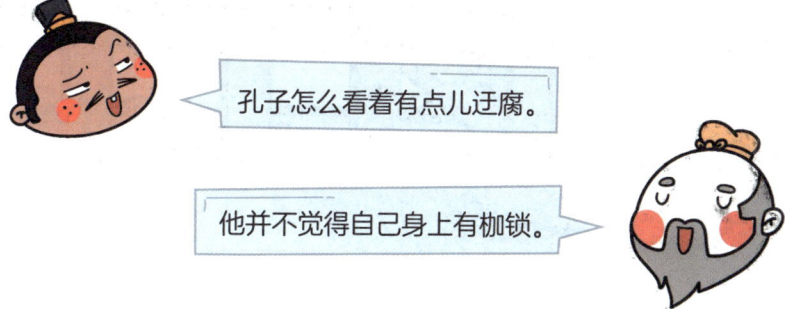

老子回答叔山无趾说:"为什么不让他忘掉仁义,将生和死当成同等的事,把是和非看成是一样的呢?这样就可以解除枷锁了呀!"叔山无趾叹了口气说:"怎么可能解除呢!"

文化小辞典 亡羊补牢

亡羊补牢意思是丢掉了羊再去修补羊圈,还不算晚。比喻出了问题以后想办法补救,免得以后继续受损失。叔山无趾找孔子求学的做法,就是亡羊补牢的写照。

颜回坐忘

【庄子·内篇·大宗师】

颜回曰:"回益矣。"仲尼曰:"何谓也?"曰:"回忘仁义矣。"曰:"可矣,犹未也。"他日复见,曰:"回益矣。"曰:"何谓也?"曰:"回忘礼乐矣!"曰:"可矣,犹未也。"他日复见,曰:"回益矣!"曰:"何谓也?"曰:"回坐忘矣。"

我们都知道颜回是孔子最得意的弟子,他非常爱学习,而且非常勤奋。颜回天天都在读书思考,毫不在乎自己住的地方破破烂烂,吃得简简单单。

孔子就喜欢爱学习还爱动脑筋的学生,对颜回比对亲儿子还亲。孔子几乎没怎么指导过自己的儿子,却总是和颜回探讨问题,有时候不像师生,反倒像朋友。

有一天,颜回又来见孔子了。一进门,他就兴高采烈地告诉孔子他这几天思考的结果,他说他已经忘掉仁义了。孔子告诉他,这还远远不够。

过了几天,颜回又来见孔子。一见到孔子,颜回就激动得不得了,立刻把他的感悟说给孔子听,说他已经忘记礼乐了。结果孔子又是一盆冷水倒在他头上,说他这样还不够。

又过了几天，颜回再次来见孔子。这次他信心十足地向老师拱手行礼，告诉老师他这段时间的感悟，他说自己已经"坐忘"了。

这回轮到孔子疑惑了，前两次仁义、礼乐都是他非常熟悉的话题。但什么是"坐忘"呢？孔子狐疑地看着自己的学生颜回，担心他是不是用脑过度，或者是太想获得表扬，所以故意造了个词？

颜回向孔子解释说:"'坐忘'的意思是,忘掉自己的形体,抛弃自己的聪明,让自己摆脱身体和思考的束缚,与通达万物的大道一致。"

孔子听了颜回的一番话,大吃一惊,感慨地说:"与大道一致就没有了偏心和嗜好。既然与变化融为一体,你也就不再受任何常理的束缚了。你果然是好样的,我孔丘要拜你为师了。"

"仁义礼乐"是儒家思想的核心内容。仁义，是指仁爱和正义，对人要有仁爱之心，对事情要有公正、负责任的态度，这是儒家道德的最高原则。

礼乐，是指礼仪和音乐，学习礼仪能让人和人之间友好相处，相互尊敬，而音乐则能陶冶情操。

让人们去恶从善，提高道德修养，这是儒家治理天下的理想方式。

天根请教无名人

【庄子·内篇·应帝王】

天根游于殷阳,至蓼水之上,适遭无名人而问焉,曰:"请问为天下。"无名人曰:"去!汝鄙人也,何问之不豫也!"

有一个名叫天根的人,他心怀天下,满脑子想的都是怎么治理天下,让天下的百姓都能吃饱喝足,生活快乐幸福。

天根自己想不到办法,所以就去周游天下,想请教他人有没有好的办法。他走啊走,从南走到北,又从东走到西。遇到了很多人,却没有几个有智慧的,谁也回答不了他的问题。

天根继续找啊找,一天他来到一个叫殷阳的地方。天根心情郁闷地在蓼水河边走着,这时恰巧碰到了无名人。天根非常开心,因为他早就听说无名人的大名,仰慕他很久了。

天根一路小跑,气喘吁吁地站到无名人面前,还没问候人家,就问无名人:"请问,怎么样才能治理好天下呢?我问了好多人,都没有人回答我。"

听了天根的提问,无名人非常不高兴,两条眉毛皱成了两块黑疙瘩。他毫不客气地对天根破口大骂:"走开,不要坏了我的好心情!"

无名人没好气地说:"我正想找造物主玩呢,乘着虚无缥缈的神鸟,飞出天地四方之外,在无何有之乡游玩,在空空荡荡的原野上溜达。你为什么要问我这个无聊的问题,把我内心的清净都给破坏了。"

天根是个打破砂锅问到底的死脑筋,他不理解无名人对治理天下不感兴趣而不想回答这个问题,还在一个劲儿地恳求无名人告诉他治理天下的方法。

无名人为了让他起来,只好无奈地说:"只要你心情宁静,让自己的意气与万物融为一体,顺应自然变化,丢掉私心杂念,你就能治理好天下了。"

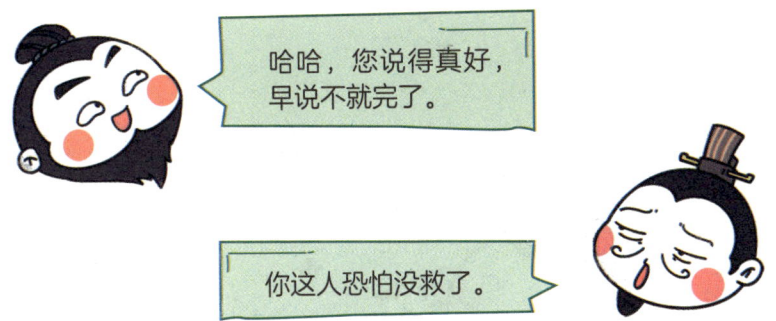

文化小辞典　无为而治

"无为"不是放任不管,而是让一切顺应自然本性,不强加手段干预。

汉朝在文帝和景帝时期奉行的就是"无为而治",那时候战乱刚刚结束,百姓生活艰辛,所以统治者就采取老庄的思想,对百姓少征税甚至不征税,不用严刑酷吏,让他们好好生活,安心生产。没过多久,社会就繁荣起来。

管仲荐宰相

【庄子·杂篇·徐无鬼】

管仲有病,桓公问之曰:"仲父之病病矣,可不讳云,至于大病,则寡人恶乎属国而可?"管仲曰:"公谁欲与?"公曰:"鲍叔牙。"曰:"不可。其为人洁廉,善士也。其于不己若者不比之,又一闻人之过,终身不忘。使之治国,上且钩乎君,下且逆乎民。其得罪于君也,将弗久矣!"

齐国宰相管仲生了一场重病,病得都不能从床上起来。齐桓公担心他的身体,亲自来看他。齐桓公真正担心的是万一管宰相去世了,得找个接班人啊!

齐桓公对管仲说:"您别介意我说点儿不吉利的话啊,您病危了,我该找谁做宰相呢?"管仲反问道:"您想让谁做宰相呢?"齐桓公有点儿犹豫地说:"我想让鲍叔牙来做宰相。"

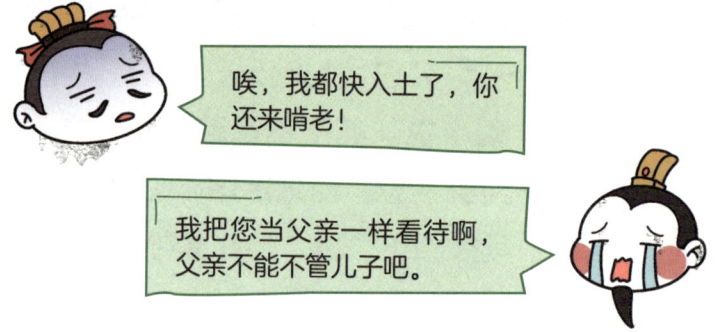

管仲激动起来,猛地一阵咳嗽,说:"可千万别让鲍叔牙当宰相,这样不仅害死你,还会害死他自己。"齐桓公听呆了疑惑地问:"你俩不是生死之交吗?按照常理您应该支持他才对啊!"

管仲解释道:"虽然鲍叔牙是个清廉的好官,但他并不适合坐在宰相这个位子上。他这个人清高,看不起那些品行比自己差的人。只要听到别人犯了一点点错,他终生都会记得,就不愿和那个人来往了。"

"如果让鲍叔牙来当宰相,治理国家也跟他做人一样,眼里揉不得沙子,要求别人品德高尚,那样肯定会得罪人。万一哪天惹您不高兴了,您可能就会砍了他的头。"

听了管仲的分析,齐桓公觉得很有道理,宰相备选人被否,那谁来接这重担呢?齐桓公又陷入了困境。

管仲翻来覆去想了很久,回答说:"如果目前找不到合适的人选,迫不得已的情况下,先让隰朋顶上一段时间吧。他这个人比鲍叔牙更适合做宰相。"

"隰朋对上不逼能,不会忤逆君王;对下处处忍让,不会让其他官员反叛。他常常因为自己的智慧不如黄帝而感到自责,但是对那些德行不如自己的人又非常同情和体谅。"

"一个人以高尚的德行感化他人,那他就被称为圣人;而一个人肯把财物分给有需要的人,那他就被称为贤人。如果一个人以德行自居,傲慢地对待别人,那他一定不会得到人心;如果一个人用自己的贤德谦虚待人,那他一定会得到很多人的拥护。"

"像隰朋这样的人,他对国家大事不会处处苛求,对于家里鸡毛蒜皮的小事也不会斤斤计较。让他来治理国家,他能专心致志,不会被其他事情干扰。所以如果到了实在没办法的时候,隰朋是个合适的宰相人选。"

齐桓公听完管仲的建议,激动地握住他的手,差点流出眼泪。他感激地说:"您真是个好宰相。死之前都还在为国家操劳,为我分担。"

"没想到您还这么公私分明,不因为鲍叔牙是您的好朋友和恩人而让他来做宰相。有您这样的人才,真是我们国家的幸运呀。"

文化小辞典 · 管鲍之交

管仲和鲍叔牙都是齐国人，年轻的时候他们就是好朋友。一开始他们一起做生意，后来都去当了官。管仲辅佐当时的公子纠，而鲍叔牙辅佐公子小白。

后来齐国发生了内乱，公子纠和公子小白两人争夺王位，管仲为了帮公子纠上位想射死公子小白。

没想到公子小白诈死，最后当上了国君，就是后来的齐桓公。鲍叔牙一再求齐桓公饶管仲一命，还让他做了齐国的宰相。鲍叔牙和管仲之间的友谊后来被人们颂扬，留下了"管鲍之交"的美谈。

"天师"童子

【庄子·杂篇·徐无鬼】

黄帝将见大隗乎具茨之山,方明为御,昌寓骖乘,张若、谐朋前马,昆阍、滑稽后车。至于襄城之野,七圣皆迷,无所问涂。适遇牧马童子,问涂焉,曰:"若知具茨之山乎?"曰:"然。"

黄帝带着几个随从去具茨山找一位叫大隗的神仙。方明在左边驾驶马车，昌寓坐在右边当副驾驶，张若、谐朋在前面做向导，昆阍、滑稽跟在车后当保镖。这位神仙神龙不见首尾，实在太难找了，七个人走到襄城郊外，竟然迷了路。

就在他们像没头苍蝇一样抓瞎的时候，恰好遇到一个牧马的孩子。七个人喜出望外，赶紧跑过去问路。这个孩子骑在马背上，悠闲地吹着口哨，见到他们既不惊讶也不害怕。

牧马的孩子正眼都没瞧这俩人，他们怎么哄孩子都不说话。黄帝只好亲自出马，他向孩子行拱手礼，恭敬地向他问路。孩子这才点点头，问他们要去哪里。几个随从羞愧得脸都红了。

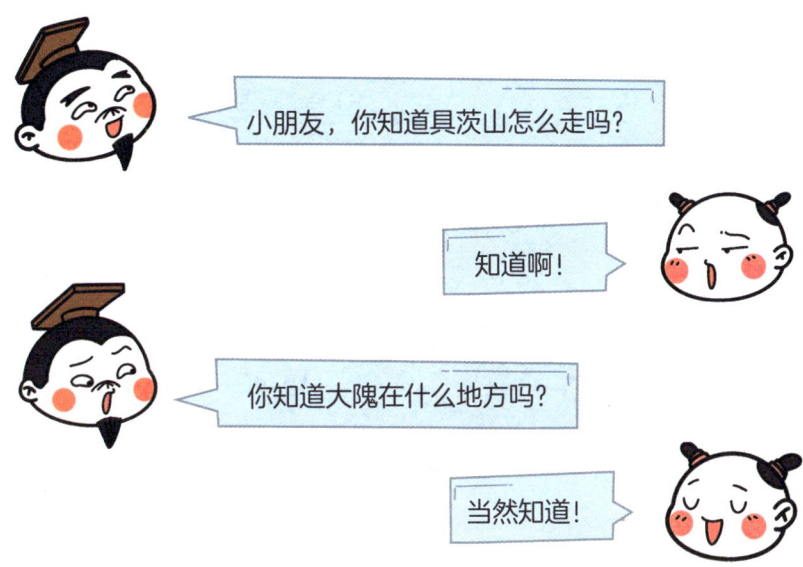

黄帝打听清楚了大隗住在什么地方，十分高兴。他对这个孩子更加好奇了，这个小不点儿到底是何方神圣？于是就向他打听如何治理天下，他的随从都惊呆了，堂堂天下之主，竟然向一个孩子请教这么大的问题。

孩子很淡定地回答:"治理天下就是要你们这样在襄城郊外游荡啊,何必去管理那些麻烦的事呢!我小时候得了目眩症,一位长者告诉我:'你乘着太阳车到襄城郊外去游荡,忘掉尘世的一切。'"

"现在我的病已经有所好转啦,接下来我要去茫茫无际的六合之外游玩。治理天下不就是像这样吗,何必要去谈论它呢!你们顺其自然,天下就会和谐安宁,哪里用得着治理。"

黄帝继续穷追不舍地问:"治理天下确实不是小孩子家能做的事,但我还是想向你请教怎么治理天下,这对我很重要。"孩子被问烦了,噘着嘴就是不肯回答,准备离开。

黄帝是不到黄河心不死,不仅拉着孩子不让他走,还让几个随从把孩子的马牵在手里,不让他们跑掉。孩子只好回答:"治理天下就跟我牧马一样,去掉妨碍马成长的东西就行了。"黄帝这回满意了,恭敬地向孩子行大礼表示感谢,称他为"天师"。

黄帝是中国远古时代部落联盟的首领,姓公孙,名轩辕,被尊为"五帝"之首,是华夏民族的"人文初祖"。

传说黄帝教人们播种百谷,辨别药物,鼓励大家通过劳动发展农业和手工业。

他的妻子嫘祖教会人们养蚕,发明了缫丝织布的技术。从黄帝时代起,人们开始注重衣服帽子的穿戴,建造交通工具船和车,制作音乐,等等。

孔子见老子

【庄子·外篇·天运】

孔子见老聃归,三日不谈。弟子问曰:"夫子见老聃,亦将何规哉?"孔子曰:"吾乃今于是乎见龙!龙,合而成体,散而成章,乘云气而养乎阴阳。予口张而不能嗋,予又何规老聃哉?"

有一天，孔子跑到周朝的国家图书馆找老子，老子在这里当图书管理员。老子是当时公认的最有智慧的人，很多有志青年都去向老子请教。孔子满腔热血，一见到老子就对他讲起仁义。

老子一听到"仁义"两个字就像吃了苍蝇似的，摇着头说："筛米的时候米糠眯了眼睛，人们就不能分辨东西南北了；人被蚊虫叮咬后，又痒又痛整晚都睡不着觉。

老子苦口婆心地劝孔子:"你啊,为啥不让天下人保持质朴的天性呢?你自己也应该顺应自然,修养自己的德行,而不要像敲着鼓急匆匆到处找儿子的人,盲目地找寻真理。"

"鹤不用每天都洗澡,它也洁白得像雪一样;乌鸦不用每天涂染,它也像木炭一样乌黑。黑和白本来就是它们的天性,没必要加以改变。而自己有了名誉,也不必过分夸大,广为宣传。"

"泉水干涸了，两条鱼被困在陆地上，它们慢慢呼吸，靠唾沫濡湿对方，苟活一阵子。哪里比得上两条鱼自由自在地在江湖里畅游，不认识彼此。"

孔子听了老子的一番话后，哑口无言。他回到鲁国后，三天都没有跟人说话。他的弟子们又疑惑又好奇，想知道孔子和老子到底讨论了什么。大家忍不住问孔子他是怎么规劝老子的。

孔子思考了很长时间,才缓缓开口说:"你们知道吗,我这次去京城遇见了一条龙,一条真龙啊!"弟子们都惊讶地瞪大眼睛,想不到老师还有这样的奇遇,一个个都想听故事。

那龙长什么样?

"龙这个物种,变化多端,聚合在一起就是一条龙,离散开来就变成鳞彩。它腾云驾雾,吸收天地的精华,自由遨游。我见了老子,惊得嘴巴都合不拢,哪里还能规劝他什么呢!"

啊,原来老子就是这条龙!

文化小辞典 — 孔子向老子求教

两千多年前,老子在当时周朝的国家图书馆里当管理员,孔子还是个不太出名的青年教师。孔子当时意气风发,积极探索治理天下的方法,想让天下太平,人民安居乐业。一次偶然的机遇,让他得以去周朝学习礼乐,于是他去拜访老子。

周朝

老子是道家的创始人,是当时公认的最有智慧的人。孔子向他请教了很多问题,在孔子即将回鲁国的时候,老子送给孔子三句赠言。第一句是一个人能看透世人但四处妄议,这人离死期就不远了;第二句是不要苛责别人,攻击别人的短处;第三句话是,为人子者不要老想着自己,为人臣者也别老想着自己。

死因:四处妄议

你真丑!

驼背老人捕蝉

【庄子·外篇·达生】

仲尼适楚，出于林中，见痀偻者承蜩，犹掇之也。

仲尼曰："子巧乎！有道邪？"

有一次，楚王邀请孔子到楚国去讲学。孔子很高兴地接受了，带着自己的学生，驾着马车愉快地出发了。他们一路上有说有笑，有时讨论天下大事，有时说些人生哲理，交流得很畅快。

当他们走出一片树林的时候，遇到了一位驼背的老人，老人扛着长长的竹竿往树上靠，不知道在干什么。等走近了，才知道他在竹竿顶端涂了黏糊糊的泥丸在粘蝉。一眨眼的工夫，老人就粘了好多只蝉。

你们看他的速度多快啊！

真好玩，我也想试试！

捕杀野生动物，破坏环境，这样不太好吧！

驼背老人粘蝉的技术太娴熟了,就像在地上拾取东西一样容易。孔子好奇地上前问老人:"您捕蝉的技术实在是太高超了,请问您是有什么独家绝活吗?"老人停下来,笑眯眯地说:"有啊,我来说给您听听。"

驼背老人说:"一开始我也没这么快,经过了很长时间的练习才能有今天这样的技术。在练了五六个月后,我在竹竿顶端叠放两个泥丸而不掉下来,粘不到蝉的情况就很少了。"

"后来，我在竹竿顶端叠放三个泥丸而不掉下来，粘不到蝉的概率只有十分之一。现在，我在竹竿顶端叠放五个泥丸，泥丸都不会掉下来，这样在粘蝉的时候，就像在地上拾取一样简单了。"

大家都被驼背老人娴熟的技术惊呆了，孔子又问："您是怎么做到的？"驼背老人回答："粘蝉的时候啊，要心神安宁，站着就像一截木桩一样，丝毫不动；我拿着竹竿，就像干枯的树枝一样。"

"虽然天地广大,有无数的事物,但在我心中就只有蝉的翅膀。我心里毫无杂念,专心致志地捕蝉,不受外界任何的打扰,怎么会捕不到蝉呢?"

孔子听完驼背老人的话,非常赞赏。他回过头来对一群看傻了眼的弟子们说:"你们这回明白了吧,专心致志,聚精会神,达到了高妙的境界,说的不就是这位老人家嘛。"

你们明白什么道理了吗?

明白了,明天就回家学习捕蝉。

成语"专心致志"形容一心一意,精神高度集中地做事。

有位很有名的围棋大师叫弈秋,他有两个徒弟。

刚开始两个徒弟水平差不多,但是在上课的过程中,一个专心听讲,另一个总是三心二意,心思不在棋上。

结果上课专心的人棋艺进步很快,而那个三心二意的人一点儿也没有进步。

出神入化的船夫

【庄子·外篇·达生】

颜渊问仲尼曰:"吾尝济乎觞深之渊,津人操舟若神。吾问焉,曰:'操舟可学邪?'曰:'可,善游者数能。若乃夫没人,则未尝见舟而便操之也。'吾问焉而不吾告,敢问何谓也?"

有一次,颜渊和孔子探讨问题,颜渊说自己曾经到一个地方去,经过一个渡口因为不会游泳,只能搭船过河,船夫非常热情地让他上了船。

颜渊上了船,还没站稳,船夫就娴熟地摇起两支橹,船像只鸭子一样,悠然平静地在水面上行进起来。到了河中心,水流变得十分湍急,还有数不清的暗礁,一不小心就会撞上去。

只见船夫左躲右闪，轻松地划到了对岸。颜渊下了船，摸着自己狂跳不止的心，对船夫出神入化的驾船技术非常好奇。于是他问船夫，驾船的技术可不可以学习。

船夫说："当然可以了。会游泳的人很快就能掌握划船的技术；会潜水的人就算没看见过船，也能轻松驾驶。"颜渊听得一愣一愣的，继续追问这是怎么一回事。船夫却对着他笑笑，不再回答了。

颜渊想了很久都没想通这个问题,只好去找他敬爱的老师。孔子说,这个问题小菜一碟啊。会游泳的人水性很好,划船不是什么难事,操作起来非常自如。

会潜水的人把深渊看作是陆地上的小丘陵,把翻船看作是车子的后退。船在水中颠簸、浮沉等情形在会潜水的人眼中是平常的事,一点儿也不值得大惊小怪,内心从容,不会被吓得腿软。

孔子给颜渊举了几个例子，那些用瓦做赌注的人心思灵巧，用带钩做赌注的人却心神不宁，用黄金做赌注的人更是头昏眼花。

孔子捋着胡须意味深长地说："这些人其实技术都差不多，但是每个人的心态却不一样，如果重视外物，人的内心就会糊涂，容易犯傻。"

古代把渡口驾驶渡船的人称为津人,津就是渡口的意思。古代生产力有限,建造技术也不发达,很多河流上是没有桥的,只能靠船才能过河。

船夫是古代一个比较常见的职业,他们不仅要熟悉水性,还要娴熟掌握撑船的技巧,在遇到复杂水流的情况时,要能随机应变,保证船上乘客的安全。

纪渻子养斗鸡

【庄子·外篇·达生】

纪渻子为王养斗鸡。十日而问："鸡已乎？"曰："未也。方虚憍而恃气。"十日又问，曰："未也。犹应向景。"十日又问，曰："未也。犹疾视而盛气。"十日又问，曰："几矣。鸡虽有鸣者，已无变矣，望之似木鸡矣，其德全矣，异鸡无敢应者，反走矣。"

从前有个叫纪渻子的人，他是齐王专职斗鸡的饲养员。他刚养了十天，齐王就兴冲冲跑过来问他："斗鸡是不是可以搏斗了。"纪渻子说："还不行，这只鸡骄傲自大，目中无人。"

过了十天，齐王一路小跑着来要鸡。纪渻子还是不给，指着斗鸡说，它见到别的鸡的时候还会热情地打招呼，拉嗓子鸣叫表示友好。

过了十天,齐王迫不及待地狂奔到纪渻子那儿,他觉得时机应该成熟了,抱着斗鸡要去跟别的鸡搏斗。但是纪渻子一把将鸡夺回来,说:"这只鸡目光犀利,盛气凌人,不适合战斗。"

又过了十天,齐王等得实在是不耐烦了。他一脚踹开纪渻子的养鸡舍,要纪渻子交出斗鸡,否则就砍了他的脑袋。没想到纪渻子说:"这只斗鸡驯养成功了。它看起来像块木头,自然德性完备,别的鸡一看到它吓得掉头就跑。"

文化小辞典 呆若木鸡

成语"呆若木鸡"正是出自这个故事,但它现在的意思与原来的意思却截然相反。呆若木鸡原来的意思是,纪渻子养的斗鸡看起来呆呆的,像木头鸡一样,但其实它把自己的全部实力都收敛起来,别的鸡还没靠近就已经感受到它威严的气势,早吓得跑远了。

后来呆若木鸡形容人因恐惧或惊讶而发愣的样子。

吕梁游泳人

【庄子·外篇·达生】

孔子观于吕梁,县水三十仞,流沫四十里,鼋鼍鱼鳖之所不能游也。见一丈夫游之,以为有苦而欲死也,使弟子并流而拯之。数百步而出,被发行歌而游于塘下。

孔子和徒弟们周游列国，到处宣传自家的思想。这天他们来到了吕梁，吕梁这个地方有个非常有名的观光景点，一个大瀑布。孔子也走累了，就带着学生来看瀑布。

这里的瀑布真高，瀑布溅出的泡沫能随水流淌到四十里外的地方。水流非常湍急，连大鳖和扬子鳄这样的水中霸王都很难在这里施展自己的游泳本领。

正当大家欣赏瀑布时，突然发现一个男人在水中浮浮沉沉，孔子大吃一惊，以为他遇到了什么苦难的事，一时想不开。于是，赶紧让会水的徒弟下去救人。

等几个弟子"扑通""扑通"跳下水，水里的男子已经潜游到几百米之外了。一眨眼的工夫，那个男子就浮出了水面，他披散着头发，一边唱歌，一边游向岸边。

孔子看到这一幕更加吃惊了,这到底是个什么神人啊,怎么能在这么急的水里行动自如呢?于是他沿着岸边一路小跑追着那个神秘男子,想打听他游泳的秘诀。

孔子走到那男子身边,笑嘻嘻地说:"我一开始还以为你是鬼呢?后来才发现你是人,而且还是个神人。你游泳的技术实在太厉害了,有什么绝招吗?"

男子毫不在乎地说:"我哪里有什么绝招啊!起初我是出于习惯,时间长了就成了习性,能掌握技能是因为顺其自然,和漩涡一起潜入,和涌流一起浮出,顺着水势起伏,这就是我游泳的诀窍了。"

孔子接着问:"什么是'起初我出于习惯,时间长了就成了习性,能掌握技能是因为顺其自然'。"男子回答:"习惯就是生长在高地就住在高地,习性就是常在水边就会水,顺其自然就是不知道为什么做而本能地这样做。"孔子点头称赞。

古时男人和女人都留长发,一般成年男子要束发戴冠,披头散发被认为违背礼教。

但有很多高人隐士,喜欢披散他们的头发,在水边一边行走一边唱歌,以此来表达他们对所处时代的不满,或者以此来抒发自己心中的郁闷。

比如楚国三闾大夫屈原,在被楚怀王放逐后,经常披着头发,在水边唱悲壮的诗歌。

梓庆削木

【庄子·外篇·达生】

梓庆削木为镰,镰成,见者惊犹鬼神。鲁侯见而问焉,曰:"子何术以为焉?"

鲁国有一个非常有名的木匠，名字叫梓庆。他的木工技术超级一流，神乎其神。因为技术高超，所以他被招到鲁国宫廷，为鲁侯服务。

有一次，鲁侯闲着没事突发奇想，想做一个名叫镰的乐器，于是就让人把梓庆叫过来。鲁侯天马行空，向梓庆描述了他心目中镰的模样。梓庆听完后二话不说就开始埋头工作。

梓庆挑了一块木头，左看看右瞧瞧，开始动手刨花、凿眼、打磨，没过几天，镶就做好了。这架镶做得真是精美无比，天衣无缝，简直就是鬼斧神工的杰作。

梓庆做出精妙的镶在宫里成了一件稀奇的事，马上就传开了。鲁侯听说后也非常好奇，也来看热闹。当他看到镶后两眼放光，啧啧称赞。他把梓庆喊过来，问他使用的是什么技术。

梓庆对鲁侯说:"我就是个平平无奇的木匠啊,哪里有什么独门绝技啊!要说有什么特殊的地方,倒是有一点与众不同。我在制作镰的时候,一点儿也不敢耗费精神,必须静心使内心处于安静的状态。"

"静心三天后,不敢有任何封官获赏的念头;静心五天后,我就忘记自己的木匠手艺到底精湛还是拙劣,别人赞美我还是骂我,我都不在意;静心七天后,我就忘记自己的四肢,一心一意钻研技艺。"

"到了这个时候,我将心思全放在技艺上,外面的事情也干扰不到我。我就来到山上,观看树木的质地,寻找适合做镰的木材,看到形态极其适合的树时,仿佛一个镰就在眼前一样。"

"然后把树砍回来,按照它的形态稍微加工就行了。让我的自然神气配合树木的自然本性,这样做出来的镰就似乎是鬼神做成的了。"

文化小辞典 鬼斧神工

成语"鬼斧神工"正是出自梓庆削木这个故事。

梓庆用木头制作出"鐻",这种乐器本是人工的,但梓庆的技艺实在是太精湛了,竟然看起来像是天然的,似乎是只有神鬼才能完成的杰作。

朱泙漫学屠龙

【庄子·杂篇·列御寇】

朱泙漫学屠龙于支离益，单千金之家，三年技成而无所用其巧。

从前有个人叫朱泙漫，他听说支离益有一项特殊的本领，可以追捕龙，然后将它们杀死。朱泙漫对屠龙之技非常痴迷，成了支离益的崇拜者。他决定拜支离益为师，学习屠龙之技。

但是支离益这个人是不轻易收徒弟的，他要收很高的学费。朱泙漫就把家里的房子、土地都卖了，耗尽千金的财产，最后终于如愿以偿，跟着支离益学习屠龙术。

朱泙漫跟着支离益每天起早贪黑练习屠龙的技术,又是刺,又是砍。他发奋学习了三年,支离益终于把所有的技术都教给了朱泙漫,让他领了毕业证。朱泙漫高兴得眼泪都流了下来。

向老师拜别后,朱泙漫就开始寻找龙来试试他的技术。但他走遍了三山五岳,别说是龙,就连蛇都没有碰到一条。朱泙漫这才发现自己学了一身本领,居然毫无用武之地,气得吐血。

成语"屠龙之技"就出自这则故事,指一个人耗费了时间、金钱和自己的全部精力学成的技术,结果没有用武之地。比喻高超但不实用,无处可以施展的本领或技能。

鲁侯养鸟

【庄子·外篇·至乐】

　　昔者海鸟止于鲁郊,鲁侯御而觞之于庙,奏《九韶》以为乐,具太牢以为膳。鸟乃眩视忧悲,不敢食一脔,不敢饮一杯,三日而死。

从前有一只海鸟，生活自由又自在，每天吃饱了就在天上飞来飞去。有一天，它飞呀飞呀，一不小心掉落到鲁国的郊外，鲁国人发现了它，将这个消息报告给鲁侯。

鲁侯知道后，认为是天降祥瑞，于是就把这只海鸟当成祖宗一样，以当时最高的礼仪规格，把它迎接到太庙。

鲁侯喊来文武大臣，一起给这只海鸟办了一场隆重的欢迎宴会。让皇家乐队演奏乐曲给它听，又是宰牛，又是宰羊，把这些肉都喂给海鸟吃。

海鸟看着这闹哄哄的宴会，目光迷惑游离，脑子昏昏沉沉，心里无限的悲伤忧愁。海鸟一块肉都不敢吃，一滴酒也不敢喝。三天之后，它就一命呜呼了。

《九韶》舜时乐曲，一般是在大型隆重的宴会上演奏。

吴王射猴

【庄子·杂篇·徐无鬼】

吴王浮于江，登乎狙之山，众狙见之，恂然弃而走，逃于深蓁。有一狙焉，委蛇攫搔，见巧乎王。王射之，敏给搏捷矢。王命相者趋射之，狙执死。

有一天,吴王突然来了兴致要去猴山上打猎。于是他就带着一大群会打猎的人背着弓拿着箭,乘着船,一面欣赏着江上的景色,一面向猴山进发。

猴子们看到有人来了,吓得四处逃窜。但有一只猴子与众不同,它竟然在树上来回晃荡,成功引起了吴王的注意。吴王用箭射它,它灵巧地躲了过去。这下可惹恼了吴王,他让大伙一齐射猴子,没过多久,这只猴子就成了箭靶子。

猴子被射死了，吴王对跟随他一起来的朋友颜不疑说："这只猴子自以为身手敏捷，骄傲过了头，最后都不知道自己是怎么死的，要引以为戒啊！对人傲慢是一件很危险的事。"

颜不疑听了吴王的话顿时就大彻大悟，回去后他拜董悟为老师，戒掉自己得意忘形的心态。他把歌舞声乐这些东西都放弃了，连荣华富贵也不要了。就这样过了三年，吴国的人都对他夸赞有加。

文化小辞典

狙

狙，古书上说是一种猴子，有的说是猕猴，有的说是猿猴。

猴子在动物里是智商比较高的物种，但在庄子的故事里猴子却并没有那么聪明。在"朝三暮四"的故事里，猴子的脑筋转不过来，被喂猴子的人耍得团团转。

而在这个故事里，猴子狂妄自大，盲目自信，结果断送了自己的性命。

灌园老人

【庄子·外篇·天地】

子贡南游于楚，反于晋，过汉阴，见一丈人方将为圃畦，凿隧而入井，抱瓮而出灌，搰搰然用力甚多而见功寡。

子贡带着学生去南方楚国旅行,返回晋国的时候他们路过一个叫汉阴的地方,看见一位老人在菜园子里劳作——挖地道通往水井,然后抱着瓦罐打水出来浇菜。老人工作不仅辛苦,而且效率非常低。

子贡看着老人来来回回吃力取水的样子,忍不住多管闲事,于是扯着嗓子大声对老人说:"大爷,我这里有一种机械,一天能灌溉一百亩地。不用花多少力气还省事高效,您不想用它吗?"

灌园老人停止浇水，抬起头问子贡这是什么机械。子贡就说："这机械是木头做的，后面重，前面轻，用它提水就像从井里抽水一样，速度就像锅里的水煮开了溢出来一样，它的名字叫桔槔。"

老人听完，气得脸都变形了。但他还是保持微笑对子贡说："我听老师说，有机械的帮助必然是投机取巧的事。有投机取巧的事就有投机取巧之心。有这样的心思，哪还有纯洁的品质，那还怎么得道呢？"

老人问子贡是干什么的，子贡说自己是孔子的学生。老人语重心长地劝子贡说："你学了点儿知识就到处炫耀，弹个琴写个诗不就是为了出名吗？你连自己的精神都丧失了，哪还有工夫治理天下啊？"

子贡被老人说得越来越羞愧，赶紧带着学生灰溜溜地离开了。走了三十里路脸色才恢复正常，学生一路上也不敢说话，到了这时候才敢问他："刚才那个老人到底是谁呀？老师听了他的话为啥脸色这么难看啊？"

子贡和学生解释自己思考的问题："以前我以为只有孔子有学问，今天碰到一个高手，他提醒我真正有德行的人是不投机取巧的，灌园老人才是德行完全的人，而我只不过是一个随风飘荡的人。"

子贡回到鲁国，把这件事告诉了孔子。孔子说："他是假借浑沌氏的道术来修养内心的人，只知道坚守纯粹的道理，而不管其他的；只知道内心的修养，而不理会外在的东西，所以遇到这样的人我怎么能不惊讶呢？"

桔槔（jié gāo）是古代的一种汲水的工具，利用的是杠杆原理。

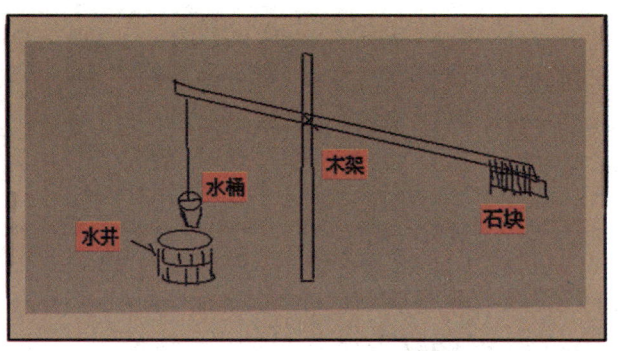

在井旁边架设一架杠杆，杠杆一端挂石头等重物，另一端挂取水的桶。

人可以借助这种装置用不大的力气将灌满水的桶从井里提出来。

北宫奢募捐

【庄子·外篇·山木】

　　北宫奢为卫灵公赋敛以为钟,为坛乎郭门之外,三月而成上下之县。王子庆忌见而问焉,曰:"子何术之设?"奢曰:"一之间,无敢设也。"

卫国的国君卫灵公是个音乐爱好者。有一天他心血来潮，想在广场上建个大家伙——大型编钟，来一场大型音乐会。于是他就派北宫奢负责这件事，让他搞个众筹，把编钟造好。

北宫奢二话没说立刻行动起来，在广场上发布了公告，让百姓有钱的出钱，有力的出力，一切根据自己的意愿。短短三个月，编钟就造好了，编钟架子分上下两层，上面挂满了大大小小的钟。

王子庆忌见到如此壮观的编钟，非常惊奇，围着编钟转了好几圈，啧啧称赞北宫奢不仅完成了这项大工程，而且没花太长时间。王子庆忌问北宫奢使用了什么方法，为什么这么快就完成了任务。

北宫奢说："唯一的办法就是专心致志地铸造编钟。我主张人要纯朴，我没有硬性要求大家一定要出钱出力，而是让他们自觉地按照他们自己的想法来，所以我的众筹一点儿都没有损害到大家的利益。"

编钟是中国古代一种大型的打击乐器。

编钟的主要乐器是钟,扁圆形状,一般由青铜铸造而成。大小不同的扁圆钟按照音调高低不同的顺序排列起来,悬挂在巨大的钟架上,用木槌敲击铜钟就会发出不同的乐音。

徐无鬼见魏武侯

【庄子·杂篇·徐无鬼】

徐无鬼见武侯,武侯曰:"先生居山林,食芧栗,厌葱韭,以宾寡人久矣夫。今老邪,其欲干酒肉之味邪,其寡人亦有社稷之福邪?"

魏国有一位隐士叫徐无鬼,他天生高傲,就算是国君请他出来做官,他也瞧不上。每天吃着橡子、栗子等山上的坚果,还有大葱、韭菜等自己种的蔬菜,日子过得虽然穷困潦倒,但他很自由快乐。

有一天,徐无鬼跑出山来拜见魏武侯,魏武侯很惊讶,故意嘲笑他说:"徐隐士啊,你躲着我在山上吃野味已经很久了。怎么,现在年纪大了想挣点儿钱好喝酒吃肉了?还是说你想通了,要为社会造福啦?"

徐无鬼摸了摸胡子,笑着说:"我穷惯了,从来不想当官拿薪水。我这次是特地来问候大王您的啊!"魏武侯惊得下巴都要掉下来了,问他:"为啥要问候我?你怎么问候呢?"徐无鬼说:"我来问候您的精神和形体呀!"

魏武侯一下子蒙了,问徐无鬼这是什么意思。徐无鬼说:"这天和地就像我们的爹妈一样,养育万物。我们都是平等的,有地位的人不能仗着自己的地位就目中无人,地位低下的人也不能认为自己一定是下贱的。"

"大王您是拥有万辆兵车的强大君主,您不惜劳烦一国的百姓来满足自己的私欲,这就让心神之灵受损,这是一种精神病态。您病得不轻啊,为什么偏要犯损害百姓的病呢?"

魏武侯有点儿心虚,对徐无鬼说:"我老早就想见先生了,想让您为我出谋划策。我想爱护我的子民,为了让百姓安居乐业,现在我停止战争,可以吗?"

徐无鬼摇摇头，一脸严肃地说："不可以，您宣扬爱民其实是害民，突然停止战争其实潜伏着发动战争的祸根。您想要成就美名，但往往会走向虚伪。费了不少力气树立起自己爱百姓的形象，最后不知道会变成什么魔鬼。"

徐无鬼向魏武侯建议道："平时没必要在城门楼下展示兵器来表明停止战争，不要怀揣着小心思达到自己不可告人的目的，不要杀掉别国的百姓，吞并别国的土地来满足自己的欲望，这样的战争有什么好呢？您要做的就是顺应天地之情，不侵扰百姓就可以了。"

乘（shèng）是指古代的兵车，四匹马拉一辆车称为"乘"，一乘上配备的士兵约三十人。

春秋战国时期，衡量一个国家的国力或军事力量一般用兵车数量来计算。拥有万辆兵车就说明这个国家有三十万左右的兵力，是一个比较强盛的国家了。

而统治这个国家的主人就被称为"万乘之主"，是称霸一方的诸侯。

王子搜逃命

【庄子·杂篇·让王】

越人三世弑其君，王子搜患之，逃乎丹穴。而越国无君，求王子搜不得，从之丹穴。王子搜不肯出，越人薰之以艾。乘以王舆。

越国人对他们的国君不太友好，接连杀掉三代君王。在越国，国君成了"高危职业"。但是，国不可一日无君啊。所以越国人还得继续找人来当他们的国君，于是他们在越王的子孙里看中了王子搜。

王子搜听到了越国人要选他当国君的消息，非常恐惧，赶紧从宫中逃走，他可不想成为第四个待宰的羔羊。他一路潜逃，逃到了一个山洞里，躲了起来。

越国人不死心,一定要让王子搜当国君。他们用尽各种手段让王子搜跟他们回去,王子搜说什么也不出山洞。最后越国人想到一条奸计,他们居然在洞口点燃艾草熏王子搜,王子搜被浓烟呛得跑了出来。

越国人让他坐上专门为国君准备的马车。王子搜非常不情愿,但是士兵的刀就架在他的脖子上,他只好拽着车上的绳子上了车,像要被杀的猪一样仰天大叫说:"君王啊,君王啊,怎么就是不肯放过我啊!"

文化小辞典 艾草

艾草是多年生草本植物，是一种常见的植物，也是一味历史悠久的中草药。

艾草有温经、祛湿、散寒、止血、消炎、平喘、止咳、抗过敏等作用。燃烧艾草还可以起到消毒、杀虫的功效。

"清明插柳，端午插艾。"每到端午节，家家将艾条插于门眉，以防蚊虫。

庄周梦蝶

昔者①庄周梦为胡蝶②，栩栩然③胡蝶也。自喻④适志⑤与，
夜间庄周梦到自己变成了一只蝴蝶，它飞舞得轻快自如。 自己觉得快乐极了，

①昔者：夜间。昔通"夕"。　③栩栩然：形容蝴蝶飞舞　④喻：晓，觉得。
②胡蝶：即蝴蝶。　　　　　　得轻快自如。　　　　　　⑤适志：快意。

不知周也。　俄然⑥觉，则蘧蘧然⑦周也。　　不知周之
竟然忘记了庄周是谁。突然，庄周醒了过来，自己分明是僵卧在床上的庄周。不知道是庄周

⑥俄然：忽然，突然。　⑦蘧蘧（qú）然：僵直的样子。

梦为胡蝶与，胡蝶之梦为周与？　　周与胡蝶，则必有
梦见自己变成了蝴蝶呢，还是蝴蝶梦见自己变成了庄周？　庄周和蝴蝶，必然是有区别

分⑧矣。此之谓物化⑨。
的。　　这种现象就叫作物化。

⑧分：分别，区分。　⑨物化：万物浑然同化，物我及人我达到无差别境界。

解读

庄子又叫庄周。一天,他做了一个非常神奇美妙的梦,梦见自己变成了一只蝴蝶。醒来之后,他还恍恍惚惚的,分不清是庄周梦见自己变成了蝴蝶,还是蝴蝶在梦中变成了庄周。在现实世界中,人和蝴蝶是有区别的,但是在梦境里,蝴蝶和人能够融为一体,自由转换。庄子把这样的境界称为"物化",他认为一切都在变化中,有时候梦境和现实很难区分。在梦中人的感受也很真实,而在现实中我们也会碰到很多离奇的事,像做梦一样。

逍遥的大鹏鸟

北冥^①有鱼,其名为鲲^②。鲲之大,　不知其几千里也。化
北海里有一条大鱼,它的名字叫鲲。鲲的体形非常巨大,不知道有几千里长。　鲲变化

　①北冥:北海。"冥"　　②鲲:大鱼之名。
　通"溟",指海。

而为鸟,其名为鹏^③。鹏之背,不知其几千里也。怒^④而
成鸟,　　鸟的名字叫鹏。　鹏的背部广阔,不知道有几千里宽。　　鹏奋起而

　　　　③鹏:即古"凤"字,大鸟名。　　　　　　④怒:奋力。

飞,其翼若垂天之云^⑤。是鸟也,海运^⑥则将徙于南冥。
飞,它的翅膀仿佛天边的云一样。　这只鸟在海水翻腾的时候就要迁徙到南海。

　⑤垂天之云:天边的云,　　⑥海运:海动,即海水翻腾。
　这里指鹏的翅膀之大。

南冥者,天池^⑦也。
那南海,就是一个天然形成的大水池。

　　　　⑦天池:天然形成的大水池。

解读

"逍遥游"的意思是没有任何束缚、自由自在地活动。庄子发挥了他奇特的想象,用鲲变化成大鹏鸟这样一个故事形象地说明无所依凭而游于无穷,才是真正的"逍遥游"。你看,那巨大的鹏飞在九万里的高空,从北海飞到南海,来去是多么自由啊!但庄子更厉害的地方是,他认为这样的自由还不是真正的自由,因为大鹏鸟飞行要靠翅膀下的风。真正的自由应该是忘却自身,心与万物同在。

知了和斑鸠的嘲笑

蜩①与学鸠笑之曰:"我决起②而飞,抢③榆枋④, 时则
蝉和小斑鸠讥笑大鹏鸟说:"我奋力一飞,碰到榆树、檀树的枝条就停了下来,有时候
①蜩(tiáo):指蝉。　②决起:奋起的样子。　③抢(qiāng): 　④榆枋(yú fāng):
　　　　　　　　　　　　　　　　　　　　　冲、撞。　　　　榆树和檀树。

不至,而控⑤于地而已矣,奚以⑥之九万里而南为?" 适莽
飞不上去,就落到地面好了,　哪里用得着飞九万里那么远到南海去呢?" 到草莽
　　　　⑤控:投。　　　　　⑥奚以:何用,哪里用得着。

  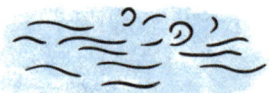

苍⑦者,　三餐而反,　腹犹果然⑧;适百里者,宿
苍苍的郊野去,只带三顿饭食当天就返回来,肚子还是饱饱的;到百里以外的地方,要
　⑦莽苍:指郊野。　　　　　　　⑧果然:吃饱的样子。

春粮⑨;　适千里者,　三月聚粮。　之二虫,又何知!
带上过夜的粮食;到千里以外的地方,需要准备三个月的粮食。这两只小虫和小鸟哪里知道呢!
　　⑨宿舂(chōng)粮:舂捣一宿之粮,准备过夜的吃食。

解读

大鹏鸟一飞九万里,从北海飞到南海这样非凡的举动,在知了和斑鸠看来很愚蠢。因为它们不需要花很大力气,飞到树上就行了。如果碰到阻碍它们飞行的东西,它们干脆就放弃,直接落到地面上。这就好比目光短浅的人一样,只看得到自身,看不到别人。我们每做一件事都应该有准备,而且还要视情况做不同的准备。

藐姑射山上的神人

藐姑射①之山有神人居焉，肌肤若冰雪，绰约②若处子③；
遥远的藐姑射神山上住着一位神人，　　肌肤像冰雪一样洁白，身姿轻盈柔美得像处女；
　①藐姑射（yè）：传说中的神山。　　②绰约：轻盈柔美的样子。　③处子：处女。

不食五谷，吸风饮露；乘云气，御④飞龙，而游乎四海之外；
不吃五谷，吸清风喝露水；　　乘着云气，驾着飞龙，　　遨游于四海以外；
　　　　　　　　　　　　　　　　　　　　　　　　④御：驾驭。

其神凝，使物不疵疠⑤而年谷熟。
她神气凝聚，能够让万物不受灾害，年年种植的谷物都获得成熟。
　　　　　　　　　　　⑤疵疠（cī lì）：恶病，指灾害。

解读

庄子在这里塑造了一位住在藐姑射山上的神仙,肌肤像白雪,身姿柔美像处女。她还能不吃饭,只吸点风喝点露水就饱了,不像我们每天为了填饱肚子而劳作。神仙腾云驾雾,骑着飞龙,逍遥自在。她还有一颗为天下苍生着想的心,让万物不受灾害,五谷丰登。这样的神仙谁不羡慕,谁能不尊敬她呢。

影子的微阴问影子

罔两①问景②曰:"曩③子行,今子止; 曩子坐,今子起;
影子之外的微阴问影子:"刚才你在走路,现在又停下来; 刚才你坐着,现在又站起来;

①罔(wǎng)两:影子之外的微阴。　③曩(nǎng):以前,从前。
②景:通"影",影子。

何其无特操④与?" 景曰:"吾有待而然者邪?吾所待又有
你为什么没有独立的意志呢?"影子说:"我因为有所依赖才这样的吧?而我所依赖的东西

④特操:独立的操守、意志。

待而然者邪? 吾待蛇蚹蜩翼⑤邪?
又有所依赖才这样的吧?我依赖的东西就好像蛇依赖腹下的鳞皮才能爬行,蝉要依赖翅膀才能飞行一样吧?

⑤蛇蚹(fù)蜩翼:蛇的鳞皮和蝉的翅膀。

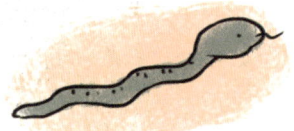

恶识⑥所以然? 恶识所以不然?"
我怎么会知道为什么会这样?我怎么会知道为什么不会这样?"

⑥恶(wū)识:哪里知道,怎么知道。

解读

通过影子和影子的微阴的对话,庄子向我们解释了一个道理:影子需要有火光和太阳才能出现,而且必须依靠有形的东西才能存在,而有形之物也要凭借无形的道才能运行。万物都遵循自然的规则在运行,该静止的时候静止,该运动的时候运动。

童颜不老的女偊

南伯子葵①问乎女偊②曰:"子之年长矣,而色若孺子③,
南伯子葵问女偊说: "您的年纪很大了啊,但是面貌看着还像小孩子一样,
①南伯子葵:虚拟人物。 ②女偊:虚拟的得道人物。 ③孺子:儿童,幼儿。

何也?"
这是为什么呢?"

曰:"吾闻道矣。"
女偊说:"我得道了。"

南伯子葵曰:"道可得学邪?"曰:"恶④!
南伯子葵说: "道可以学得吗?" 女偊说:"不!
④恶:叹词,表示否定。

恶可!子非其人也。"
不可以!你不是学道的那类人。"

解 读

长生不老和容颜永驻是多少人梦寐以求的事情啊。庄子在这里虚构了一个得道之人,面貌还保持着青春年少的模样,这是修道的结果。得道的人与万物融为一体,不会受到任何干扰,始终保持自己的安宁,所以能容颜永驻。

河伯与北海之神

秋水时至，百川灌河，泾流①之大，两涘渚崖②之

秋天到了，雨水连绵，河水上涨，大大小小的河流都流到黄河里来，水势非常大，两岸间的水面十分宽阔，

①泾流：水流。泾，水脉。

②两涘（sì）渚（zhǔ）崖：两涘，两岸。涘，河岸。渚崖，水洲岸边。渚，小洲。

间，不辩牛马③。于是焉河伯④欣然自喜，以天下之美为尽

连牛马都分辨不清楚了。于是河伯欣然自得，认为天下所有美的东西都

③不辩牛马：形容水面宽阔，两岸景物模糊不清。辩，同"辨"。

④河伯：黄河之神。

在己；顺流而东行，至于北海，东面而视，不见水端。

在自己身上；顺着水流一路向东而行，到达了北海，向东面望去，海天相接，茫茫一片，看不见尽头。

于是焉河伯始旋其面目，望洋向若⑤而叹曰："野语有之，

于是河伯一改志得意满的姿态，望着大海，对北海之神若叹息。"有句俗话说，'听到了

⑤若：海神名。

曰'闻道百，以为莫己若'者，我之谓也。"

许多道理，就以为没有人比得上自己'，这句话说的就是我呀。"

解 读

这个故事是讲人的认识总有局限性,人们常常因为取得了一点儿小进步而沾沾自喜,其实人外有人山外有山,学习和探索永无止境。就像还没见过大海的河伯,以为天下所有美的东西集于自身。其实大海要比它宽广得多,壮美得多。

流波山上的聚会

夔①怜②蚿③，蚿怜蛇，
夔羡慕百足虫，百足虫羡慕蛇，
①夔（kuí）：古代神话传说中的野兽，形似牛，无角，一足。
②怜：羡慕。
③蚿（xián）：马蚿，又名百足虫。

蛇怜风，风怜目，目怜心。
蛇羡慕风，风羡慕眼睛，而眼睛羡慕心灵。

解读

通过这个小故事，庄子要告诉人们不要在乎别人拥有的东西，计较小的利害得失，而是要放开眼界，着眼于大的胜利。

任公子钓大鱼

任公子①为大钩巨缁②，　　五十犗③以为饵，蹲乎会稽④，
任公子做了一个很大的钓钩和粗大的黑绳，用五十头公牛做饵料，蹲在会稽山上，

①任公子：任国的公子。　②巨缁（zī）：巨大的黑色绳子。缁，黑色的绳子。　③犗（jiè）：被阉割过的公牛。　④会稽（kuài jī）：山名，在今天浙江省境内。

投竿东海，　　旦旦而钓，期年不得鱼。　　已而大鱼食之，
把鱼竿投到东海里去，每天都在钓鱼，钓了整整一年都没钓到鱼。后来，终于有一条大鱼

牵巨钩，䧟⑤没而下，骛扬⑥而奋鬐⑦，白波若山，海水震荡，
吞了饵料，牵动大鱼钩沉到海里。大鱼翻腾着，奋力摆动鱼鳍，白色波浪涌起来像山一样

⑤䧟（xiàn）：通"陷"，陷没，沉入深水中。　⑥骛（wù）扬：奔驰，乱跑。　⑦鬐（qí）：通"鳍"，鱼鳍。

声侔⑧鬼神，　　　　惮赫⑨千里。
高，海水震动激荡，声音如鬼神嚎叫，使千里之外听到的人都惊恐万分。

⑧侔：齐，相等。　　⑨惮赫（dàn hè）：惊恐。

解 读

鲲和鹏不知有几千里,这里任公子钓的大鱼也非常大。首先是钓鱼的钩子大,绳子特别粗。然后是钓鱼的饵料也大,是五十头公牛。最后蹲守一年钓上来的鱼也是巨大无比,晒成鱼干吃都吃不完。庄子在这里告诉我们,志向远大的人不是那些只追求眼前小利益的人所能理解的,他们的眼界更远,准备更充足,所以才能获得玄妙的大道。

蜗角之争

有国于蜗①之左角者曰触氏,
有个国家在蜗牛的左角上叫触氏,

①蜗:即蜗牛。

有国于蜗之右角者曰蛮氏,
另外一个国家在蜗牛的右角上叫蛮氏,

时相与争地而战,　　　伏尸②数万,
这两个国家常常因为相互争夺土地而征战,死亡数万人。

②伏尸:横尸,指战争双方人员死亡。

逐北③旬④有五日而后反⑤。
胜利的一方追击败退的一方需要十五日才能返回。
③逐北:追赶　④旬:十天。　⑤反:通"返",返回。
败退的敌人。

解读

庄子的故事，有时候像宏大的宇宙，有时候又变成极其小的微观世界。庄子想象在一只蜗牛的两个角上分别有两个国家，它们和人类的国家一样也有矛盾，一言不合就爆发战争。他用这个虚构的故事来说人类的国家与浩瀚的宇宙相比，简直渺小得不值一提，发动战争更是愚不可及。

忘记语言的人

荃①者所以在鱼，得鱼而忘荃；
捕鱼的竹器是用来捕鱼的，捕到了鱼就忘记了捕鱼的竹器；
①荃（quán）：通"筌"，古代一种捕鱼的竹器。

蹄②者所以在兔，得兔而忘蹄；
捕兔网是用来捕捉兔子的，捕到了兔子就忘记了捕兔网；
②蹄：指古代捕捉兔子的网。

言③者所以在意④，得意而忘言。
语言是用来表达意思的，明白了意思就忘记了语言。
③言：语言。　④意：意思，意义。

吾安得夫忘言之人而与之言哉！
我哪里能够找到忘记语言的人来和他交谈呢！

解 读

在这里,庄子提出了一个关于语言和意思之间关系的问题。语言是用来表达意思的,一旦意思表达清楚了,就忘记了语言。

狙公喂猴

狙公①赋芧②，　　　曰："朝三而暮四。"

养猴子的老人给猴子分橡子时说："早晨给你们吃三升，晚上给你们吃四升。"
①狙（jū）公：养猴子的老人。　②赋芧（xù）：分橡子。
狙，古书上记载的一种猴子。　　赋：给。芧，橡子。

众狙皆怒。

这些猴子听了都非常生气。

曰："然则朝四而暮三。"　　　　众狙皆悦③。

养猴子的老人又说："那么早上给你们吃四升，晚上给你们吃三升。"猴子们听了都高兴起来。

③悦：高兴。

解读

早上吃三升、晚上吃四升，和早上吃四升、晚上吃三升，总量上没有变。为什么猴子们前后的态度却截然相反？这是因为猴子们愚笨，只看得到眼前的好处，而没有总体考虑。而养猴子的人用了一个小技巧就将这些蠢猴子玩得团团转。

庄子遇异鹊

庄周游于雕陵之樊①，睹一异鹊自南方来者，翼广七尺，
庄周在雕陵密林中游玩， 看见一只奇异的鹊鸟从南边飞来，它的翅膀有七尺宽，
①雕陵之樊：雕陵的树林茂密处。雕陵，丘陵名。

目大运寸②， 感周之颡③而集④于栗林。庄周曰："此何
眼睛又圆又大有一寸，从庄周的额前飞到林中落了下来。　　庄周说："这是一只什
②目大运寸：眼睛又圆又　③颡（sǎng）：额头。　④集：指鸟落到树上。
大有一寸。运：圆。

鸟哉，翼殷不逝⑤，目大不睹⑥？"蹇裳躩步⑦，执弹而留
么鸟呀，翅膀很大却飞不远，眼睛很大却不能远看？"他提起衣裳快步走上前去，拿着弹
⑤翼殷不逝：翅膀很大不能远飞。⑥不睹：不能远看。　⑦蹇（qiān）裳躩（jué）
殷，大。逝，飞走、离开。　　　　　　　　　　　　　步：提起衣裳，快步疾行。

之。　睹一蝉，方得美荫而忘其身；　　　螳螂执
弓伺机发弹。这时庄周看见一只蝉，正躲在浓密的树荫下忘记了自身的危险；一只螳螂用

翳⑧而搏之，见得而忘其形；异鹊从而利之，见利而忘其真。
树叶遮蔽自己的身体伺机偷袭，觉得快要得手了而忘自身的危险；那只奇异的鹊鸟趁
机捕捉螳螂，它只顾眼前的利益，却忘记了自己的真性。
⑧执翳（yì）：用树叶遮蔽自身。翳，遮蔽。

解读

庄子通过对自然界细致地观察，从蝉、螳螂和鹊鸟这条食物链中得出了一个道理：人在很多时候都是因为贪图眼前的利益而忽视了身后的危险。那些自鸣得意的人往往疏忽大意，因而容易犯下致命的错误。

惠子的大树

惠子①谓庄子曰:"吾有大树,人谓之樗②,其大本③拥肿④
惠子对庄子说:　　　　　"我有一棵大树,人家都叫它樗树,　它的大树干木瘤盘结,

①惠子:惠氏,名施,战国时　②樗(chū):一种树,材　③大本:大树干。本,树根。
期宋国人,是庄子的好朋友。　质粗劣,有人说是臭椿。　④拥肿:这里指树上的木瘤盘结。

而不中绳墨⑤,其小枝卷曲而不中规矩⑥,立之涂⑦,匠者
不符合绳墨的要求,　它的小树枝弯弯曲曲不合规矩,　　生长在道路旁,木匠看都

⑤绳墨:木工用来　⑥规矩:规和矩,古代用来测　⑦涂:同"途",道路。
打直线的墨绳。　　量和画图的工具。

不顾⑧。今子之言,　　　　大而无用,众所同去也。"
不看它一眼。现在你的言论就像这棵樗树一样,大而无用,　众人都离你而去了。"
⑧顾:回头看。

解读

庄子和惠子讨论了很多关于"有用"和"无用"的话题，这里通过一棵树，他们又相互辩论了一番。一棵对人来说没用的树，对它自己而言就是有用，因为正是无用才保全了它。

惠子的大树

惠子的大葫芦

惠子谓庄子曰:"魏王①贻②我大瓠之种③,我树④之,成,而
惠子对庄子说:"魏王送给我一颗大葫芦的种子,我把它种植成熟,结出的葫芦容量有

①魏王:即魏惠王,因魏迁都大梁,又称梁惠王。　②贻(yí):赠送,赠与。　③大瓠(hù)之种:大葫芦的种子。瓠,葫芦。　④树:种。

实五石⑤;以盛水浆,其坚⑥不能自举也;剖之以为瓢,则
五石;　　用它来盛水,它自身的坚固程度经不起提举;　　把它切开做成瓢,却没有

⑤石:古代的重量单位,十斗为一石。　⑥坚:坚硬。

瓠落无所容⑦。非不呺然⑧大也,吾为其无用而掊⑨之。"
任何地方可以容纳它。这个葫芦并不是不大,可是因为它没用处,我就把它打碎了。"

⑦瓠落无所容:指瓢太大无处可容纳它。　⑧呺(xiāo)然:虚大的样子。　⑨掊(pǒu):打碎。

解读

惠子总是聚焦于事物的现实层面,评价事物总是从对人有无用处入手。而庄子恰恰相反,他对人们觉得无用的东西总抱着欣赏的态度。就像这里的大葫芦,惠子觉得它大而无用,而庄子却认为惠子不会用它。

自由的乌龟

庄子钓于濮水①，楚王使大夫二人往先②焉，曰："愿以境
庄子在濮水边钓鱼， 楚王派了两个大臣前来试探他的意图，说："希望把国内的政
①濮（pú）水：水名，在今山东省濮县南。 ②先：谓先以非正式的方
式，宣明楚王的意图。

内累③矣！"庄子持竿不顾，曰："吾闻楚有神龟，死已三
事委托给先生！" 庄子手拿鱼竿，头也不回，说："我听说楚国有一只神龟，死了已经三千年
③累：委托。

千岁矣，王巾笥④而藏之庙堂⑤之上。 此龟者，宁其死
了，楚王用丝巾包裹着它，将它放在竹箱子里，珍藏在宗庙里。这只神龟是宁愿死了留下
④笥（sì）：一种方形的竹制的箱子。 ⑤庙堂：祭祀祖先的宗庙。

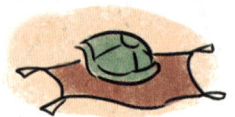

为留骨而贵乎，宁其生而曳尾于涂⑥中乎？"二大夫曰：
骨头受人尊崇呢， 还是宁愿活着拖着它的尾巴在泥里爬呢？" 两位大臣说：
⑥曳尾于涂：在泥里拖着尾巴。

"宁生而曳尾涂中。"庄子曰："往矣！吾将曳尾于涂中。"
"宁愿活着拖着尾巴在泥里爬。"庄子说："你们请回吧！我也愿意拖着尾巴在泥里爬。"

解 读

庄子注重自然，强调人的自由天性，要顺应自然，而不是违背自然去做伤害天性的事。楚王邀请庄子去当官，被他拒绝了。因为庄子知道高居庙堂之上，必定要遭受官场的尔虞我诈，还有可能因为得罪帝王和权贵而招来杀身之祸。所以他宁愿漂泊江湖，过着贫寒的生活，也不愿被束缚，失去自由。

鹓得腐鼠

惠子相梁①，庄子往见之。或谓惠子曰："庄子来，欲代子
惠子做了梁国的宰相，庄子前去看望他。有人对惠子说："庄子这次来梁国，是想代替你
①相梁：在梁国做宰相。梁：魏国的都城大梁，在今河南开封。因魏国以大梁为都，所以又称梁国。

相。"　　于是惠子恐，　　搜于国中三日三夜。
做宰相。"　惠子听到后感到不安，派人在国都搜寻庄子三天三夜。

庄子往见之，曰："南方有鸟，其名为鹓鶵②，子知之乎？
庄子主动去见惠子，对他说："南方有一种鸟，它的名字叫鹓鶵，你知道吗？
②鹓（yuān）鶵（chú）：与凤凰类似的一种鸟，喻庄子。

夫鹓鶵发于南海而飞于北海，非梧桐不止，非练实③不食，
鹓鶵从南海出发，飞往北海，不是梧桐树它不肯栖息，　　　不是竹实它不吃，
③练实：竹实，竹子的果实。

非醴泉④不饮。于是鸱⑤得腐鼠，鹓鶵过之，
不是甘甜的泉水它不喝。这时一只猫头鹰找到了一只腐烂的老鼠，鹓鶵正好从上空飞过，
猫头鹰害怕鹓鶵来抢，　　　⑤鸱（chī）：猫头鹰，喻惠子。

④醴（lǐ）泉：醴，甜酒。甘甜的泉水。

仰而视之曰：'吓！'今子欲以子之梁国而吓我邪？"
仰起头看着它大声怒斥'吓！'现在你也想用你的梁国来怒斥我吗？"

解读

这个世界上总是有一些人热衷于功名利禄,而当他们拥有功名后,还得提心吊胆,生怕别人抢走自己的功名,超过自己的位置,庄子对这样的人非常不屑和鄙视。尽管他和惠子是好朋友,但惠子当了梁国的宰相后,听信谣言,认为庄子会抢他的宰相之位,于是庄子就说了猫头鹰和鹓鶵的故事来表明自己的态度。

濠梁之鱼

庄子与惠子游于濠梁之上①。庄子曰:"鯈鱼②出游从容,
庄子和惠子一起在濠水桥上游玩。　　　　　庄子说:"鯈鱼自由自在地在水里游动,
　　①濠梁:濠水的桥上。濠,水名,在今安徽省凤阳县内。梁,桥。
　　②鯈(tiáo)鱼:白条鱼。

是鱼之乐也。"惠子曰:"子非鱼,安知鱼之乐?"庄子曰:
这就是鱼儿的快乐啊。"惠子说:　"你不是鱼,怎么能知道鱼的快乐呢?"庄子说:

"子非我,安知我不知鱼之乐?"惠子曰:"我非子,固③不
"你不是我,怎么能知道我不知道鱼的快乐呢?"　惠子说:"我不是你,本来就不知道的
　　　　　　　　　　　　　　　　　　　　　　　　　③固:本来。

知子矣;子固非鱼也,子之不知鱼之乐,全矣。"
想法;　　你本来也不是鱼,　你也不知道鱼的快乐,这一点是完全可以肯定的。"

庄子曰:"请循其本④。子曰'汝安知鱼乐'云者,既已知
庄子说:"请追溯你原来问我的话。你说的'你怎么知道鱼的快乐'这句话,说明你已经
　　　　　　　　　　　④循其本:追溯原来的问话。循,顺,追溯。本,始。

吾知之而问我,　　我知之濠上也。"
知道了我知道鱼的快乐才来问我的,我现在告诉你,我是从濠水的桥上知道的。"

解读

"濠梁之辩"是庄子和惠子之间最著名的辩论,他们讨论的主题是人是否知道河中的鱼到底快不快乐,历来受到大家的热烈讨论,但是究竟谁输谁赢了呢?从逻辑上来说,惠子觉得人和鱼属于不同的种类,情感和感受是不相通的。但从审美上讲,庄子说得也有道理,动物的动作、表情人也是能感受到的。

蜗牛角上的王国——
格局大一点，问题就变小了。

庄子遇异鹊——
螳螂捕蝉、黄雀在后！

惠子的大葫芦——
有用没用，看你怎么用。

子非鱼——
同理心，不要用自己的标准和感觉去推测他人。

体验梦幻瑰丽的寓言世界
认识传奇逍遥的古代人物
感受庄子超凡脱俗宇宙观

绘时光童书

绿色印刷产品

庄子 和他的奇幻世界

古文学习手册 ②

庄子哭妻

庄子妻死，惠子吊之，庄子则方箕踞①鼓盆而歌。惠子曰：
庄子的妻子死了，惠子来吊丧，　　　看到庄子像簸箕一样蹲坐，敲着瓦盆唱歌。惠子说："你

①箕(jī)踞(jù)：两脚伸直岔开而坐，形状像簸箕，是一种傲慢的行为。

"与人居，长子、老、身死，不哭，亦足矣，又鼓盆而歌，
和妻子生活，她为你生儿育女，与你白头偕老，现在去世，你不哭就算了，还敲着瓦盆唱歌，

不亦甚乎！"庄子曰："不然。是其始死也，我独何能无
太过分了！"　　　庄子说："不。　　　　她刚去世，　　我怎么能不慨叹悲

概然②！察其始而本无生，非徒无生也而本无形，非徒
伤呢！仔细推究，　　　　　　　她出生前本无生命，　也没有形质，

②概然：概，通"慨"，慨叹悲伤。

无形也而本无气。杂乎芒芴③之间，变而有气，气变而有
也没有构成身体的物质。　在恍恍惚惚间变化有了元气，　　进而有形体，

③芒芴：恍恍惚惚。

形，形变而有生，今又变而之死，是相与为春秋冬夏四时
　　再有生命，现在死去，　　　　相当于春夏秋冬四季轮回。

行也。人且偃然④寝于巨室⑤，而我嗷嗷然随而哭之，自以
　　　死去的人已仰卧在天地之间，　我呜呜哭泣　　　　　就是不

④偃然：仰卧的样子。　⑤巨室：指天地之间。

为不通乎命，故止也。"
通自然变化之理，所以停止了哭泣。"

解读

庄子把生和死看成是一回事，所以当面对死亡的时候，庄子是非常坦然的。当然一开始庄子也有人之常情，当自己最亲的人去世时，庄子也是悲伤的。但他很快想明白了一个道理：人是自然的一部分，在没有出生以前我们没有形体，没有思想，当我们死后，形体也回归自然，思想也消失了，一切又回到本源，所以从大的概念上来说，生和死没有什么两样。

庄子思念惠子

庄子送葬，过惠子之墓，顾谓从者曰："郢人①垩②慢③其鼻
庄子去送葬，路上经过惠子的坟墓，他回过头对跟随他的人说："有一个楚国郢都的人弄

①郢人：楚国都城的人。②垩（è）：白土。
③慢：通"墁"，涂。

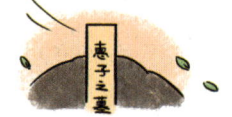

端，若蝇翼，使匠石斫④之。匠石运斤⑤成风，听而斫之，
白灰泥的时候沾到了鼻尖上，这点白灰泥像苍蝇的翅膀儿一样又薄又小，他请木匠把它削掉。木匠挥舞着斧头带起一阵风呼呼响，任凭斧头去砍削，

④斫：砍，削。　⑤斤：斧头。

尽垩而鼻不伤，郢人立不失容。　　宋元君闻
把白灰泥削得一干二净，鼻子却一点儿也没有受伤，郢都人站着神色不变。宋元君听说了

之，召匠石曰：'尝试为寡人为之。' 匠石曰：'臣则尝能
这件事，把木匠召到跟前来说：'试着给我来削一下。'　　木匠说：'我以前是可以这样削的。

斫之。虽然，臣之质⑥死久矣。'　　自夫子之死也，吾
虽然如此，能让我用斧子劈去鼻尖泥点的对象已经死了。'　　自从惠子死了以后，我就

⑥质：对手，指施展技艺的对象。

无以为质矣，吾无与言之矣。"
没有对手了，也没有可以与之辩论的人了。"

解读

庄子和惠子一向相爱相杀,每次碰到一起就辩论个不停。但他们也是真正的好朋友,思想上的知己。所以惠子去世后,庄子感到失落,因为没有人能取代惠子和他进行思想上的交锋。高山流水,知音难觅,庄子说自己没有了对手,也没有了可以与之辩论的人。

庄子借粮

庄周家贫，故往贷粟于监河侯。监河侯曰："诺。我将得
庄周家里贫穷，所以去监河官那儿借粮。　　　　监河官说："好。等收到采邑的税金借

邑金①，将贷子三百金，可乎？"
你三百金，　　　　　　可以吗？"
　①邑金：封地的税金。

庄周忿然作色②曰："周昨来，有中道而呼者。周顾视车辙
庄周生气地说：　　　　　"我昨天来这儿路上听到有人呼救，我回头看到车辙里有条
　②忿（fèn）然作色：脸色突然变得愤怒起来。

中，有鲋鱼③焉。周问之曰：'鲋鱼来！子何为者邪？'对
鲫鱼。　　　　　我问它：　'鲫鱼！你在这干什么？'　　　鲫鱼回
　③鲋（fù）鱼：鲫鱼。

曰：'我，东海之波臣④也。君岂有斗升之水而活我哉？'
答：　'我是东海水族大臣，　　　　　您能用斗升的水救活我吗？'
　④波臣：水波中的臣子，即水族中的一员。

周曰：'诺。我且南游吴越之王，激西江之水⑤而迎子，可
我说：'好。我去南方游说吴越两国的君王　　　引来西江水来救你，　　可以吗？'
　　　　　　　　　　　　　　　　　　　　　　　⑤激西江之水：引西江的水。

乎？'鲋鱼忿然作色曰：'吾失我常与，我无所处。吾得斗
鲫鱼脸色大变，生气地说：'我失去时常伴随我的水，没有容身的地方。只要得

升之水然活耳，君乃言此，曾不如早索我于枯鱼之肆⑥！'"
到斗升的水就能活命，你竟然这样说，　那还不如早点儿去干鱼市场找我呢！'"
　　　　　　　　　　　　　　　　　　　　　　　　⑥枯鱼之肆：卖干鱼的市场。

解读

人陷入困境的时候,当然希望别人能及时伸出援助之手,解决燃眉之急。然而有些人却根本无视别人的处境,许下空洞的承诺,根本不想解决问题。文中的监河官就是这样的人,等封地的税金收上来,庄子早就饿死了。

曹商嘲笑庄子

宋人有曹商者，为宋王①使秦。其往也，得车数乘。王说②
宋国曹商为宋王出使秦国。　　　　　　他去的时候得到宋王赏赐的几辆马车。秦
①宋王：即宋国国君宋偃王。　②说：通"悦"，高兴。

之，益③车百乘。反④于宋，见庄子曰："夫处穷闾厄巷⑤，
王见到他后很高兴，加赏了一百辆马车。曹商回到宋国，见到庄子说："你住在偏僻简陋
③益：增加。　　　　　　　　　　　　　⑤穷闾厄（ài）巷：厄，通
④反：同"返"，返回。　　　　　　　　　"隘"，狭窄。偏僻的里巷。

困窘织屦，槁项黄馘⑥者，商之所短也；一悟⑦万乘之主而
的里巷，生活穷困靠织草鞋度日，面黄肌瘦，我不如你；　　一天之内说服君主获得百
　　　　　　　　　⑥槁项黄馘（xù）：脖　　　　　　⑦一悟：一天之内
　　　　　　　　　子干枯，脸面黄瘦。　　　　　　　　使人醒悟。

从车百乘者，商之所长也。"
辆马车，　　　　就是我的长处了。"

庄子曰："秦王有病召医，破痈溃痤者得车一乘，舐痔者得
庄子说："秦王生病找医生，　　能治脓疮的得到一辆马车，　　舔舐痔疮的能

车五乘，所治愈下⑧，得车愈多。子岂治其痔邪，何得车之
得到五辆马车。手段越卑下得到的马车就越多。　　你是为秦王治疗痔疮了吗，得到这么
　　　　　　　　⑧愈下：越来越卑下。下，卑下。

多也？子行矣！"
多马车？　你走吧！"

解读

世界上有很多像曹商这样的人,为了得到名利,不惜牺牲自己的人格,去做非常卑劣肮脏的事情以讨好当权者。庄子借这个故事批判了像曹商这类为了名利对身处高位的人做出卑躬屈膝、恬不知耻的奉承行为。

探骊得珠

人有见宋王者，锡①车十乘，以其十乘骄稚②庄子。庄子
有个拜见过宋王的人，被宋王赏赐了十乘马车，他就用这十乘马车向庄子夸耀。庄子说：
①锡：同"赐"，赏赐。　　②稚：骄。

曰："河上有家贫，恃纬萧而食③者，其子没于渊，得千金之
"黄河边上有一户人家靠编织芦苇为生，　　这家的儿子潜入深渊，得到了价值千
③恃纬萧而食：靠编织芦苇为生。

珠。其父谓其子曰：'取石来锻④之！夫千金之珠，必在九
金的珠子。他的父亲对他说：　　'拿石头来砸碎它！　　这颗价值千金的珠子，必定是在九
④锻：锤破，砸碎。

重之渊而骊龙颔下。子能得珠者，必遭其睡也。使骊龙而
重深渊下骊龙的下巴下，　　你能得到它，一定是遇到骊龙睡着的时候。等到它醒来，

寤⑤，子尚奚微之有哉！'今宋国之深，非直九重之渊也；
你就要被吃得不剩一点儿了啊！'现在宋国形势的险深，不止于九重深渊；宋王的
⑤寤（wù）：醒过来。

宋王之猛，非直骊龙也。子能得车者，必遭其睡也。使宋
凶猛，　　不止于骊龙。　　你能得到这些马车，一定正逢宋王糊涂之时。等到

王而寤，子为齑粉⑥夫！"
他醒悟过来的时候，你就要粉身碎骨了！"
⑥齑粉（jī）：捣碎。比喻粉身碎骨。

解 读

　　世上有很多人为了名和利常常去冒险,有时候甚至会为此丢掉性命。但这些人却浑然不知,他们自己在靠近危险,反而非常得意。殊不知,那条睡熟的黑龙即将醒来,醒来的它会将人撕咬粉碎,就像那些喜怒无常的君王时刻都能要了人的性命。

庄子穿补丁衣服

庄子衣①大布而补之②,正䌤系履③而过魏王④。
庄子穿着带补丁的粗布衣服,脚踩用麻绳捆绑的破鞋去见魏王。
①衣:这里作动词,穿。 ②大布而补之:用粗布做成的衣服而又打了补丁。 ③正䌤(xié)系履:用麻绳捆绑破鞋。䌤,通"絜",麻带。 ④魏王:指魏惠王。

魏王曰:"何先生之惫⑤邪?"庄子曰:"贫也,非惫也。
魏王说:"先生怎么这样疲惫困顿呢?"庄子说:"我这是贫穷啊,不是疲惫困顿!
⑤惫:疲惫困顿。

士有道德不能行,惫也; 衣弊履穿⑥,贫也,
士人有道德理想却不能实行,这才是疲惫困顿呢; 衣服破旧,鞋子烂了,这是贫穷,
⑥衣弊履穿:衣服破旧,鞋子破烂成洞。

非惫也。此所谓非遭⑦时也。"
而不是疲惫困顿。这就叫生不逢时啊!"
⑦遭:逢。

解读

庄子在物质生活上是非常贫穷的,他穿的是粗布做成的衣服,还破旧得打满了补丁,鞋子经常穿烂。他这副模样去见魏王,连魏王都看不过去,同情可怜他疲惫困顿。但是庄子却说自己是贫穷,而不是困顿。两者的区别在于贫穷仅仅是物质上的,而困顿的是理想不能实现。

井底之蛙

谓东海之鳖曰:"吾乐与!出跳梁①乎井干之上,入休乎缺
(井蛙)对东海的龟说:"我多么快乐呀!我出来可以在井栏上跳跃,　回去可以在井
　　　　　　　　　　　　　　　　　　　　①跳梁:跳跃的意思。

甃之崖②;　赴水则接腋持颐③,　　蹶④泥则没足灭跗⑤;
壁的缺口处休息。跳入水里,水便托住我的腋窝和两颊,踏进泥里,泥巴刚好没过我的脚背;
②缺甃(zhòu)之崖:井　③颐(yí):两颊,两腮。　④蹶(jué):践踏,踩踏。
壁上缺口的地方。　　　⑤没足灭跗(fù):跗,脚背。淹没脚背。

还⑥虷、⑦蟹与科斗,莫吾能若也。　且夫擅一壑⑧之水,
回顾水中的孑孓、螃蟹和蝌蚪,都没有像我这样快乐。而且我独占一坑之水,
⑥还:回顾。　⑦虷(hán):孑孓,蚊子的幼虫。　⑧壑(hè):深沟,这里指土井。

而跨跱⑨坎井之乐,此亦至矣。夫子奚不时来入观乎?"
盘踞土井的快乐,真是快乐到极点了。　　　您为什么不经常进来看看呢?"
⑨跨跱(zhì):盘踞。

  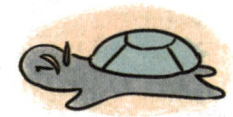

解读

　　每个人都有自己的生活和经验，所以很多时候我们对周围事物的看法往往局限于我们自己熟悉的领域和生活，甚至有时候就认为世界是我们眼前看到的样子。但其实在我们有限的眼界之外，还有广阔的世界。而眼界狭隘的人常常满足于自己的小天地，并且沾沾自喜。

邯郸学步

子往①矣！且子独不闻夫寿陵②余子③之学行于邯郸④与？
你快走吧！　你难道没听说过燕国寿陵的那个少年在邯郸学步法的故事吗？
①往：走。　②寿陵：战国时燕国地名。　③余子：少年。　④邯郸：赵国的都城。

未得国能⑤，　　又失其故行矣，
他不但没学会赵国人走路的步法，而且连他自己原来走路的步法也忘记了，
⑤国能：赵国人走路的本领。

直⑥匍匐⑦而归耳。
最后只能爬着回去。
⑥直：只能。⑦匍匐（pú fú）：爬行。

解读

　　这个故事告诫人们不要轻易迷信别人的优点或长处，一味地要去模仿别人，很可能模仿不像，把原本自己的优点都丢了。要客观地看待自己的优点和缺点，做好自己。

庄子说剑

昔赵文王①喜剑，剑士夹门②而客三千余人，　日夜相击于
从前，赵文王喜欢剑术，　剑士们聚在门下为客人的就有三千多人，他们昼夜不停地
①赵文王：即赵惠文王赵何，战国后期赵　②夹门：聚于门下。
国的第七代君主，赵武灵王的儿子。

前，死伤者岁百余人，　　　　　好之不厌③。
斗剑，一年有一百多人死伤。但赵文王依然喜欢剑术，一点都不满足。
　　　　　　　　　　　　　　　③厌：满足。

如是三年，国衰，诸侯谋之。　　太子悝④患之，募⑤左
如此过了三年，赵国就衰落了，其他诸侯图谋攻打赵国。太子赵悝对此感到很忧虑，招募
　　　　　　　　　　　　　　　④太子悝（kuī）：虚构　⑤募：招募。
　　　　　　　　　　　　　　　的赵文王的儿子。

右曰："孰能说⑥王之意，止⑦剑士者，赐之千金。"左右
身边的人说："谁能说服大王让剑士停止比剑，就赏赐他千金。"　　　身边的人说：
　　⑥说：说服，劝服。　⑦止：停止。

曰："庄子当能。"
"庄子应当能做到。"

解读

对于普通人来说，玩物丧志会对自己造成不利的影响，而对国君来说可不是简单的个人志向的迷失，有可能会导致国家的灭亡。赵文王喜欢剑术，剑士们为了生存和利益，投其所好，纷纷前来比试，结果死的死伤的伤。如果这些剑士上战场，会是保家卫国的人才，但赵文王没有让人才发挥他们应有的作用，赵国就衰落了。

尧让天下给许由

尧①让天下于许由②，曰："日月出矣，而爝火③不息，其于
尧想要把天下让给许由，　　对他说："太阳和月亮都出来了，还燃着小火，　与太阳

①尧：传说中上古时代部落联盟的首领，　②许由：传说中上古　③爝（jué）火：
帝喾之子，祁姓，名字叫放勋。原来的封　时代的贤人和隐士。　烛火。
地为唐，所以又称他为唐尧。

  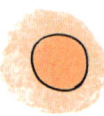 

光也，不亦难乎！　　时雨④降矣，而犹浸灌，　其于泽⑤
和月亮比光芒，这不是很难的事吗？及时雨已经降下来了，而还在用人力浇灌，对于滋润禾
　　　　　　　　　　　④时雨：及时雨。　　　　　⑤泽：滋润。

也，不亦劳乎！夫子立而天下治，　而我犹尸⑥之，吾
苗来说，不是多此一举吗？你如果立为天子，天下就能安定，我还占据这个位置，我觉得
　　　　　　　　　　　　　　　　　　　　⑥尸：主，主持。

自视缺然，请致天下。"
非常惭愧，请允许我把天下交给您。"

解读

在尧的时代,非常重视贤能的人,人们都希望贤能的人成为帝王,来主持大局,让老百姓过上好日子。尧把自己的王位让给许由,这不就等于把自己拥有的神兵利器拱手让人嘛,真是大度啊。不过人家许由可不领情,不想接这个活。那个时代多美好,不像后世人人为了权力勾心斗角。

灵魂出窍的南郭子綦

南郭子綦①隐机②而坐，仰天而嘘，荅焉似丧其耦③。

南郭子綦倚靠着几案坐着，　　仰面向天呼气，似乎进入了精神与形体相分离的状态。

①南郭子綦（qí）：人名，楚昭王的弟弟，因为他住在楚国都城的南边，所以又叫南郭子綦。

②隐机：凭几，倚靠在几案上。

③似丧其耦：耦，匹对。似乎精神离开了形体的样子，指心灵活动不受形体所控制。

颜成子游④立侍乎前，曰："何居乎？形固可使如槁木，而心

颜成子游站在他跟前伺候，　　问：是怎么回事呢？人的形体本来可以使它像枯木一样没有生机，人的心灵本来可以

④颜成子游：南郭子綦的弟子，复姓颜成，名偃，字子游。

固可使如死灰乎？今之隐机者，非昔之隐机者也。"子綦

使它像死灰一样寂静吗？您今天倚靠几案坐着的神情与您以前不一样。"　　子綦说：

曰："偃，不亦善乎，而问之也！今者吾丧我，汝知之乎！

"偃，你这个问题问得好啊！　　　　　我今天遗弃了形体之我，你知道吗！

女闻人籁⑤而未闻地籁，女闻地籁而未闻天籁夫！"

你听说过人籁却没有听说过地籁，　　你听说过地籁却没有听说过天籁。"

⑤籁：从孔穴里发出的声音，泛指声音。

 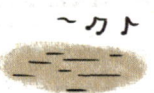 

解读

　　这个故事看上去有点玄乎，又是人籁，又是地籁，又是天籁。其实它讲的道理简单地来理解就是，人要靠乐器，才能发出好听的声音，而大地上的万物要靠风等外物来发出声音，而天籁千变万化，遵守规律自然地发出来，比前面两个都要高级得多。

啮缺和王倪

啮[①]**问乎王倪**[②]**曰："子知物之所同是**[③]**乎？"曰："吾恶**
啮缺问王倪： "您知道万物有共同之处吗？" 王倪回答说："我
① 啮（niè）缺： ②王倪（ní）：虚构的人物。 ③所同是：共同认可的标准。
虚构的人物。

乎[④]**知之！""子知子之所不知邪？"曰："吾恶乎知之！"**
哪里知道啊！"啮缺又问："您知道您不知道的根由吗？"王倪说："我哪里知道啊！"
④恶乎：疑问代词，怎么，哪里。

"然则物无知邪？"   **曰："吾恶乎知之！**
啮缺进一步问道："那么这样说来万物就无从了解了吗？" 王倪说："我哪里知道啊！

虽然，尝试言之。庸讵[⑤]**知吾所谓知之非不知邪？**
即使这样，我试着回答你的问题。你怎么能知道我所说的'知'不是别人
所知道的'不知'呢？ ⑤庸讵（jù）：怎么，哪里。

庸讵知吾所谓不知之非知邪？"
你怎么知道我所说的'不知'不是别人所知道的'知'呢？"

解 读

啮缺抓着"知道"与"不知道"这个问题打破砂锅问到底。这么难的问题,王倪想尽办法让他明白,后面还举了很多例子。其实我们每个人对世界的认识是有限的,每个人的视角不一样,所以"知"和"不知"也就不一样。

庖丁解牛

庖丁①为文惠君②解牛③，手之所触，肩之所倚，
庖丁为文惠君宰牛，　　　　　　他的手所接触到的地方，肩膀所倚靠的地方，
①庖（páo）丁：庖，厨师。名字叫丁的厨师。　②文惠君：即魏惠王，魏国国君。　③解牛：解，解剖、分割。宰牛。

足之所履④，膝之所踦⑤，砉然响然⑥，奏刀騞然⑦，
脚所踩的地方，　膝盖所抵住的地方，皮肉与筋骨分离发出咔嚓咔嚓的声响，
④履：名词作动词，踩的意思。　⑤踦（yǐ）：屈跪一膝，顶住牛体。　⑥砉（xū）然响然：形容宰牛时皮肉和骨头分离的声音。　⑦騞（huō）然：进刀解物的声音。

莫不中音⑧，合于《桑林》⑨之舞，乃中《经首》⑩之会。
进刀解牛时哗啦啦的声音，没有一处不符合音乐的节奏，既符合《桑林》舞蹈的节奏，又符合《经首》音乐的乐律。
⑧中音：符合音乐节奏。　⑨《桑林》：传说殷商时代的乐舞曲。　⑩《经首》：传说殷商时代的乐曲。

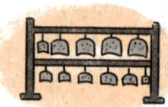

解读

庄子在这则故事里讲了一个掌握神奇技能的厨师,他手起刀落,从容利索,解剖牛的骨肉像在弹奏一曲乐曲,又像在跳一支舞蹈,非常有韵律,有节奏。能达到这样的状态是因为他经过反复练习,解剖牛的技术已经到了行云流水的地步。

庖丁

老聃①死,秦失②吊之,三号③而出。

老子去世了,秦失前来吊唁,他哭了三声就出去了。

①老聃(dān):即老子,姓李,名耳,字聃,春秋时期楚国人。
②秦失(yì):人名,虚构的人物。失,也写作"佚"。 ③号(háo):号哭。

弟子曰:"非夫子之友邪?"

老子的弟子问:"您难道不是夫子的朋友吗?"

曰:"然。"

秦失回答说:"是。"

"然则吊焉若此可乎?"

弟子问道:"既然是朋友,吊唁可以这样吗?"

曰:"然。始也吾以为其人也,而今非也。"

秦失说:"是的。以前我以为你们的先生是俗人,而现在不这样认为了。"

解 读

作为朋友,好友去世应当悲伤才对。但秦失却一反常态,仅仅哭了三声,见到老子的门人弟子还要批评他们。因为他与老子是知己,懂得老子的思想。人的出生和死亡都是顺应自然的事,因此老子的逝去不应该与哀伤或喜悦联系在一起。老子虽然身体消失了,但他思想的生命力会一直传递下去。

石木匠和大栎树

匠石①之齐，　　至于曲辕②，见栎社树③。　其大蔽数

有个叫石的木匠到齐国去，到了曲辕这个地方，见到一棵为社神的栎树。这棵大树非常

①匠石：名字叫石的木匠。　②曲辕：虚拟的地名。　③栎（lì）社树：奉为社神的栎树。

千牛，絜④之百围⑤；　　　　其高临山，十仞⑥

庞大，它的树荫可以遮蔽几千头牛。量它的树身，周长达到一百多围；树干耸出山顶其中可以造

④絜（xié）：量度物体周围的长度。　⑥仞：古代七尺或八尺为一仞。
⑤围：两臂合抱。

而后有枝；其可以为舟者旁⑦十数。观者如市⑧，

船的树枝就有十来枝。观赏的人多得像赶集一样，

⑦旁：旁枝，分枝。　⑧市：集市。

匠伯不顾，遂行不辍。

然而石木匠不屑一顾，照样往前走个不停。

解 读

在世俗之人看来无用的东西，在庄子的眼里却是有用的，而且还是有大用的。因为在庄子看来，普通人看事物总是站在自己的角度去考虑实用不实用，但他却站在更高的角度去考虑。这体现了庄子朴素的辩证思维，庄子的哲学让人们学会换个角度看问题。

快乐的支离疏

支离疏^①者，颐^②隐于脐，肩高于顶，会撮指天^③，五管^④
支离疏，　　　　他的面颊靠近肚脐，双肩高过头顶，后脑勺上的发髻直指天空，五

①支离疏：庄子虚构的一个人名，有忘形去智之喻。　②颐：面颊，两腮。　③会撮(cuō)指天：发髻朝天。会撮，发髻。指天，朝天。　④五管：五脏的穴位。

在上，两髀为胁^⑤。　　　　**挫针^⑥治繲^⑦，足以糊**
脏的穴位都一齐朝上，两条大腿和胸旁的肋骨相并列。他靠缝洗衣服养活自己；

⑤两髀(bì)为胁(xié)：用两腿当作两胁。髀，大腿。胁，从腋下至肋骨下部。

⑥挫针：即缝衣服。
⑦治繲(xiè)：洗衣服。

口；鼓筴播精^⑧，足以食十人。
　　　　如果再去替人家簸米筛糠，能养活十口人。
　　　　⑧鼓筴(cè)播精：颠簸箕筛去米糠。鼓，簸动。播精，扬去灰土与谷糠。

解读

　　快乐和幸福一直是人类不懈的追求，而有些人一生下来就有缺陷，快乐和幸福似乎离他们很远。像支离疏这样不幸的人，大家看到他都会感觉难过。但他自己却不这么想，他有本领养活自己，甚至还绰绰有余。他积极面对生活，忘记自己身体的残疾，比普通人更珍惜生命，更懂得生活，所以才会更加快乐。

圣人王骀

鲁有兀者①王骀②，　　从之游者与仲尼③相若④。常季⑤
鲁国有个被砍掉一只脚的人叫王骀，跟随他学习的人有很多，跟孔子差不多。　常季就问

①兀者：砍掉一只脚的人。　②王骀（tái）：人名，虚拟人物。　③仲尼：即孔子，字仲尼。　④相若：相等。　⑤常季：虚拟人物。

问于仲尼曰："王骀，兀者也，从之游者与夫子中分鲁。
孔子："王骀是个被砍掉一只脚的人，跟随他学习的人与先生的弟子在鲁国各占一半。

立不教，坐不议，虚而往，实而归。固有不言之教，
他站着不施行教学，坐下也不议论问题，跟随他学习的人空空而来，满载着学问回去。

无形而心成⑥者邪？是何人也？"
难道真的有不用言语的教导，用无形感化就达到潜移默化吗？这是一个什么样的人啊？"

⑥无形而心成：无形之中心有所获，形容潜移默化的作用。

解读

教育有的时候不需要语言，而需要身教。要靠施教者用行动来影响被教育者，因为人总是喜欢模仿，总是喜欢向比自己更智慧的人看齐。因此，对被教育者进行潜移默化的影响，有的时候比灌输给他们知识更加有用。

申徒嘉与子产

申徒嘉①，兀者也，而与郑子产②同师于伯昏无人③。
申徒嘉是一个被砍去一只脚的人，他与郑国的贤相子产是同学，共同在伯昏无人门下求学。
①申徒嘉：人名，复姓申徒，名嘉，春秋时期郑国的贤人。虚拟人物。
②子产：姓公孙，名侨，字子产，春秋时期郑国有名的贤能宰相。
③伯昏无人：虚拟人物。

子产谓申徒嘉曰："我先出则子止，子先出则我止。"
子产对申徒嘉说："我若先出去，你就留下；你若先出去，我就留下。"

解 读

　　申徒嘉和子产是同学,但是子产却瞧不起申徒嘉身份低微,身体残疾。他不仅看不起人家,还不愿意跟他同在一个屋檐下学习,竟然提出过分的要求,让申徒嘉在他出现的时候回避。子产的行为很不道德,因为人和人之间是平等的,不能因为自己的财富和地位高就看不起别人。人们应该相互尊重,这样才能创造出和谐的社会环境。

申徒嘉与子产

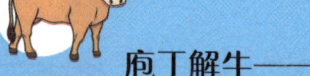

庖丁解牛——
怎样才能达到得心应手、运用自如的状态呢？

秦失哭老子——
中国人千年前的死亡观教育。

最受欢迎的丑八怪——
天生我材必有用，有失必有得。

子产和申屠嘉——
"外貌协会"不可取！

体验梦幻瑰丽的寓言世界
认识传奇逍遥的古代人物
感受庄子超凡脱俗宇宙观

爱学习的叔山无趾

鲁有兀者叔山无趾①，
鲁国有个被砍去脚趾的人叫叔山无趾，
①叔山无趾：人名，虚拟人物，被砍去脚趾的人。

踵见②仲尼。仲尼曰："子不
他用脚后跟走路来见孔子。孔子说："你不谨
②踵（zhǒng）见：用脚后跟走路来相见。踵，脚后跟。

谨③，前既犯患④若是矣。
慎，早前就已经犯法而遭受砍去脚趾的刑罚。
③不谨：不谨慎。　④犯患：犯法遭祸。

虽今来，何及矣⑤！"
今天虽然来这里请教我，哪里来得及补救啊！"
⑤何及：怎么赶得上，也就是来不及补救的意思。

无趾曰："吾唯不知务而轻用吾身，吾是以亡足。今吾来
叔山无趾说："我只因不识事理而轻率作践自身，所以才失掉了脚趾。如今我来到你这

也，犹有尊足者存，吾是以务全之也。"
里，还保有比双脚更为可贵的道德修养，所以我想竭力保全它。

解读

孔子是圣人，一生为"仁义"奔走，周游列国，一心想恢复周代的礼乐之治，改变糟糕的世界。但在叔山无趾和老子看来，他还没有达到至人境界，因为他还在乎人，没有将生和死看成一样。在道家看来，人应该顺其自然，依照道来生活，而孔子则从人出发，充分发挥人的积极作用。

颜回坐忘

颜回①曰:"回益②矣。"仲尼曰:"何谓也?" 曰:"回忘
颜回说:"我有进步了。" 孔子说:"你的进步指的是什么呢?"颜回说:"我已经
①颜回:曹姓,颜氏,字子　　②益:进步,增益。
渊,孔门七十二贤之首。

仁义③矣。" 曰:"可矣,犹未也。" 他日④复见,
忘记仁爱和正义了。"孔子说:"很好,但还没有进入大道境界。"后来某一天颜回又来见孔子,
③仁义:仁爱和正义,儒家思想的核心内容。　　　　　　④他日:后来某一天。

曰:"回益矣。"曰:"何谓也?" 曰:"回忘礼乐⑤
对他说:"我有进步了。"孔子说:"你的进步指的是什么呢?"颜回说:"我已经忘记了礼
⑤礼乐:礼仪和音乐,这里指礼乐制度,也是儒家思想的内容。

矣!" 曰:"可矣,犹未也。" 他日复见,曰:"回益矣!"
乐制度了。"孔子又说:"很好,但还没有进入大道境界。"后来某一天,颜回再次来见孔子,说:"我有进步了。"

曰:"何谓也?" 曰:"回坐忘矣。"
孔子说:"你的进步又指的是什么呢?"颜回说:"我能静坐而忘记一切了。"

解读

庄子在这里用颜回和孔子这对师徒虚构了一个故事,儒家推崇仁义,希望以礼乐来治理天下。但道家却认为这还不是人的最高境界,最高的境界是大道,是抛弃内心的欲望,而让心灵达到淡泊空灵、虚静无为的状态。

天根请教无名人

天根①游于殷阳②，至蓼水③之上，适遭无名人而问焉，
天根在殷阳这个地方游玩，走到了蓼水边上，　　恰巧碰到了无名人，于是他就上前恭
①天根：人名，庄子虚构的人物。　②殷阳：虚拟地名。　③蓼（liǎo）水：虚拟河流名。

曰："请问为天下。"
恭敬敬地问："想请教您治理天下的办法。"

无名人曰："去！汝鄙人④也，何问之不豫⑤也！"
无名人说：　　"走开！你这个鄙陋的人，为什么要问这些令我不愉快的问题！"
④鄙人：卑劣的人，鄙陋的人。　⑤不豫：使人不快。

解 读

　　庄子虚构了一个叫天根的人和一个叫无名人的人。天根一心想治理天下，无名人却一心要云游天外。在无名人看来，治理天下最根本的办法就是顺应大道自然，清净无为，让一切按照本来的秩序去运行。

管仲荐宰相

管仲①有病，桓公②问之曰："仲父之病病矣，可不讳云，
管仲生病了，　　齐桓公去问他说：　　"仲父的病很重了，没有什么忌讳的话不可以说的，
①管仲：春秋时期齐国的宰相，著名的政治家，　　②桓公：齐桓公，"春秋五霸"之首。
法家学派的先驱。

至于大病③，则寡人恶乎属国④而可？"管仲曰："公谁欲与？"
一旦病危，　　我该把国家大政托付给谁呢？"　　管仲说："您想托付给谁？"
③至于大病：即一旦病重而亡的委婉说法。　　④属国：把国政托付给某个人。

公曰："鲍叔牙。"曰："不可。其为人洁廉，善士也。其
齐桓公说："鲍叔牙。"　　管仲说："不可以。鲍叔牙为人廉洁，是个好人。他对比不上

于不己若者不比之，又一闻人之过，终身不忘。
自己的人是不愿意亲近的，　　他只要听说了某人的过错，就会终身不忘。

使之治国，上且钩乎君⑤，下且逆乎民⑥。其得罪于君也，
若是让他管理国家，对上会违逆君王，下会违背民意。　　他得罪君王
　　　　　　　　　⑤上且钩乎君：对上违　　⑥下且逆乎民：对下违背民意。
　　　　　　　　　逆君王。钩，违逆。　　逆，忤逆，触犯。

将弗久矣！"
将不会太久了。"

解读

管仲向齐桓公推荐宰相人选的时候并不推荐自己的好朋友鲍叔牙,因为他深知鲍叔牙的为人,让他做宰相可能对齐国不利。他这么做,公私分明,不仅是对国君忠诚,也是对朋友负责。

"天师"童子

黄帝①将见大隗②乎具茨之山③，
黄帝要到具茨山拜见大隗，
①黄帝：上古时代部落联盟的首领，三皇五帝之首，被尊为"人文初祖"。　②大隗（wěi）：虚构的人名，是黄帝要寻找的人。　③具茨（cí）之山：山名，位于今天河南新郑一带。

方明为御④，昌寓骖乘⑤，
方明驾驶马车，　　昌寓陪乘，
④方明为御：方明，虚构的人名。御，驾驶马车。　⑤昌寓骖（cān）乘：昌寓，虚构的人名。骖乘，坐在马车右面的陪乘者。

张若、谄朋前马⑥，昆阍、滑稽后车⑦。至于襄城之野，
张若、谄朋在马前做引导，　昆阍、滑稽跟随在车后。　到了襄城的郊外，
⑥张若谄（xí）朋前马：张若、谄朋都是虚构的人名。前马，在马前引导。　⑦昆阍（hūn）滑稽后车：昆阍、滑稽均为虚构的人名。后车，跟随在车后。

七圣皆迷，无所问涂。　适遇牧马童子，问涂焉，
这七个人都迷路了，没有人可以问路。恰好他们碰到一个放马的小孩，于是就向他问路，

曰："若知具茨之山乎？"曰："然。"
说："你知道具茨山怎么走吗？"小孩回答说："知道。"

解读

我们大多数人认为,都是大人教导小孩子,而不是小孩子教导大人。但是庄子却是个奇人,他竟然让统治天下的黄帝去向一个放马的小孩子请教怎么治理天下。而这个小孩是个神童,不仅能神游天外,还比黄帝更懂得如何治理天下。其实在现实生活中,有时候小朋友说出的话,做出的事比大人要智慧得多。

孔子见老子

孔子见老聃①归，三日不谈。弟子问曰："夫子见老聃，亦
孔子拜见老子回来后，三天都不开口说话。弟子们问他："老师您见到老子，是怎样

①老聃（dān）：即老子，姓李，名耳，字伯阳，是春秋时期道家学派的代表人物。

将何规②哉？"孔子曰："吾乃今于是乎见龙！龙，合而成
规劝他的呢？" 孔子说："我现在才见到了龙！ 龙，聚合而成形

②规：规劝，劝说。

体，散而成章③，乘云气而养乎阴阳。予口张而不能嗋④，
体，散去后成为绚丽的花纹，乘驾着云气而在阴阳之间养息。我惊讶得嘴都合不拢，

③章：华美的文采。　　　　　　　　　　　④嗋（xié）：闭上嘴巴。

予又何规老聃哉？"
又怎么能规劝老子呢？"

解读

　　这则故事体现了道家和儒家思想的不同。儒家强调人要通过仁义去约束人们,治理天下。可在道家看来,要让天下民风淳朴,就应该顺应自然发展之道,各得其所。而不是强求他们,被迫改变自己。

驼背老人捕蝉

仲尼适楚①,出于林中,
孔子到楚国去,从树林中走出来时,
①适楚:适,到,往。到楚国去。

见痀偻②者承蜩③,　　犹掇④之也。
看到一个驼背的人正持竿粘知了,就好像用手拾取一样容易。
②痀偻(jū lóu):驼背,曲背。　③承蜩(tiáo):承,粘取,黏住。　④掇(duō):拾取。
蜩,知了。粘知了,把知了黏住。

仲尼曰:"子巧乎!有道⑤邪?"
孔子说:"您的手很灵巧啊!这里也有技艺吗?"
⑤道:指技艺。

解 读

无论做什么事情,哪怕是很微不足道的事情,只要专心致志,投入百分之百的精力去做,自然能做好。而且当熟练程度越来越高,在别人看来你就是掌握了独特技能的人,这就是所谓的"熟能生巧"。

出神入化的船夫

颜渊问仲尼曰:"吾尝济①乎觞深②之渊,津人③操舟若神。
颜渊问孔子:　　　　　"我曾经渡过一个叫觞深的深渊,船夫驾船的技术神乎其神。

①济:渡。　②觞深:渊名,因形状像酒杯因而命名为觞深。　③津人:船夫,在渡口撑船运送旅客的人。

吾问焉④,曰:'操舟可学邪?'　　　　曰:'可,
我问船夫为什么会有如此神奇的驾船本领时说:'驾船的技术可以学吗?'船夫说:'可以,

④焉:于此,指前面船夫"操舟若神"这件事。

善游者⑤数能⑥。若乃⑦夫没人⑧,则未尝见舟而便操之也⑨。'
善于游泳的人多次练习就能掌握。至于会潜水的人,即使他们没有见过船,也能操纵自如。'

⑤善游者:善于游泳的人。
⑥数能:指多次练习。　⑦若乃:至于。　⑧没人:能长时间潜入水中的人。

吾问焉而不吾告,敢问何谓⑩也?"
我问他驾船的技能,他却不告诉我,这是什么意思呢?"

⑩何谓:即谓何,是什么意思。

解读

在这个故事里，会游泳的人和会潜水的人更容易掌握驾船技术，这是因为他们的水性很好，在水里和在平地上没什么两样，他们的内心不会被外物扰乱。我们经常会碰到一些人在某项工作或事情上拥有高超的技能，但是一旦被外在因素干扰，或者太在乎外物，内心就会大乱，从而导致发挥失常，甚至丧失原本的能力。

纪渻子养斗鸡

纪渻子为王养斗鸡。十日而问："鸡已乎①？" 曰："未
纪渻子为齐王驯养斗鸡。十天过后，齐王问道："鸡可以打斗了吗？"纪渻子回答说："还不行。
①已乎：养成了吗？意思是问斗鸡是否可以斗了。

也。方虚憍②而恃气。" 十日又问，曰："未也。犹
这只鸡正处在骄傲自大，意气用事的阶段。"过了十天，齐王又问，纪渻子回答说："还不行。它听到鸡的声音，见到鸡的身影就会有反应。"
②虚憍（jiāo）：憍通"骄"。内心空虚而神态骄傲的样子。

应向景③。"十日又问，曰："未也。犹疾视而盛气。"
过了十天，齐王又问，纪渻子回答说："还不行。现在它看东西还是怒目而视，盛气凌人。"
③向景：向通"响"，指鸡鸣声。景通"影"，指鸡的身影。

十日又问，曰："几矣。鸡虽有鸣者，已无变④矣，望之似
过了十天，齐王又问，纪渻子回答说："差不多了。别的鸡虽然鸣叫，欲斗它却不为所动，
④无变：不为所动，没反应。

木鸡矣， 其德全⑤矣，异鸡无敢应者，反走矣。"
看起来像一只木鸡，它的自然德性完备了，别的鸡不敢应战，看见它掉头就走了。"
⑤德全：自然德性完备。

解 读

孙子兵法里有一条：不战而屈人之兵，善之善者也。意思是说打仗的时候，不用出兵就能战胜别人，这才是最上乘的兵法。纪渻子养斗鸡也是这个道理，他把斗鸡驯养得自然德性完备。别的斗鸡在这只斗鸡的眼里像无物，所以它能所向披靡，让别的斗鸡不敢靠近。

吕梁游泳人

孔子观于吕梁,县水①三十仞②,流沫③四十里,
孔子在吕梁观光游览, 见到一道瀑布,瀑布倾泻下来溅起的泡沫流淌到四十里以外的地方,
①县水:瀑布。县,通"悬"。　②仞:古代长度单位,一仞在周代为七尺到八尺,一尺约二十三厘米。　③流沫:瀑布倾泻下来溅起的水沫。

鼋鼍④鱼鳖之所不能游也。见一丈夫⑤游之,以为有苦而欲
鼋鼍鱼鳖都不能游过去。　　　　他看见一个男子在瀑布旁游泳,以为是有苦楚而想
④鼋(yuán)鼍(tuó):鼋,鳖鱼。鼍,扬子鳄。　⑤丈夫:古代称成年男子。

死也,　使弟子并流⑥而拯⑦之。　数百步而出,被发⑧
投水而死的人,于是让弟子顺着水流游去对男子进行救援。可是那人潜入水中几百步后从
⑥并流:顺着河流。并,顺着。　⑧被发:披散着头发。
⑦拯:救援,救助。　　　　　　被,通"披"。

行歌而游于塘下。
水中浮出水面,披散着头发一边唱歌一边游到堤岸下。

解读

有很多事情是人的天性使然,像故事里的吕梁游泳人,别人认为他在危险的瀑布下游泳有生命危险,但他却行动自如,如鱼得水般自由。因为他从出生时起就生活在水边,水性很好,在别人眼里危险的地方,对他而言却很安全。庄子告诉我们,人顺应自然和天性,天性会引导人们掌握生存之道。

梓庆削木

梓庆①削木为镰②， 镰成，见者惊犹鬼神③。
有个叫梓庆的人，削木头做镰，镰做成之后， 看见的人惊叹他的做工是鬼斧神工。
①梓庆：人名。梓指梓匠，木　②镰（jù）：古代的　③惊犹鬼神：制作出来的镰不像
工，此人以庆为名，称为梓庆。　一种乐器，像钟。　人工做成的，而像鬼神之功。

鲁侯④见而问焉， 曰："子何术⑤以为焉？"
鲁侯见到梓庆就问他这件事，说："你是用什么技术做出如此精妙的镰啊？"
　　　④鲁侯：鲁国的君主。　　　⑤术：技术、方法。

解读

　　工匠精神是一个人职业道德和职业品质的体现,它要求我们对自己的专业或技术投入专注和敬业的精神,做到精益求精。梓庆就是这样一个木匠,他的技艺高超,能把木头削成一个精美的乐器,简直像浑然天成的一样。他的技艺能如此精湛,是他排除了外界的一切干扰,毫无功利之心。

朱泙漫学屠龙

朱泙漫①学屠②龙于支离益③,
朱泙漫向支离益学习屠龙的技巧,
①朱泙(pēng)漫:人名。 ②屠:屠宰,屠杀。 ③支离益:人名。

单④千金之家,
耗尽了千金的家产,
④单:通"殚",竭尽,耗尽。

三年技成而无所用其巧。
三年之后终于学成了这门技艺,但没有地方施展他的技巧。

解 读

　　违背自然规律，终究要被自然规律惩罚。朱泙漫学习屠龙的技术从出发点就是错误的，因为他没有搞清楚屠龙针对的是龙，如果没有龙，那么屠龙的技术学了也是白学，因为几乎没有施展这种技术的机会。

鲁侯养鸟

昔者海鸟止于鲁郊，　　鲁侯御①而觞②之于庙③，
从前有一只海鸟飞落到鲁国的郊外，鲁侯把它迎接到太庙里，并给它准备了丰盛的酒宴，
　　①御：迎接。　　　②觞（shāng）：酒杯，用作　　③庙：太庙，供奉、祭
　　　　　　　　　　　　动词，宴饮，饮酒。　　　　　祀祖先灵位的地方。

奏《九韶》④以为乐，具太牢⑤以为膳⑥。
为它演奏《九韶》音乐，宰来牛、羊、猪给它吃。
　　④《九韶》：古代乐曲名。⑤太牢：指古代帝王祭祀祖先时，　⑥膳（shàn）：饭食。
　　　　　　　　　　　　　　　牛、羊、猪三牲全部具备。

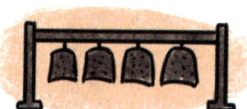  

鸟乃眩视⑦忧悲，　　不敢食一脔⑧，
海鸟眼花缭乱，心中悲伤忧愁，一块肉都不敢吃，
　　⑦眩视：眼花缭乱。　　　⑧脔（luán）：切成小块的肉。

不敢饮一杯，三日而死。
一杯酒都不敢喝，　就这样过了三天，它就死了。

解读

　　人很多时候总是按照自己的想法，给别人强加很多不愿意接受的东西或根本接受不了的东西，结果导致很糟糕的结果。就像故事中的鲁侯，本来是出于真心爱护海鸟，却因为喂养方法不当，导致海鸟一命呜呼。这就告诫我们要顺应自然规律，不能违背自然本性。

吴王射猴

吴王[①]**浮于江，登乎狙**[②]**之山，众狙见之，恂然**[③]**弃而走，**
吴王渡过长江， 登上猴子聚居的山， 群猴看见吴王惊恐地弃了地盘四散逃开，
①吴王：吴国的君主。 ②狙：猴子。 ③恂（xún）然：恐惧害怕的样子。

逃于深蓁[④]**。 有一狙焉，委蛇攫搔**[⑤]**， 见**[⑥]**巧乎王。**
逃到荆棘茂密处躲藏起来。 其中有一只猴子，从容地在树丛间抓牢树枝，来回跳跃攀爬，
 向吴王显示它灵巧的身手。
④蓁（zhēn）：丛生的 ⑤委蛇攫（jué）：从容地跳跃攀爬，抓 ⑥见：表现，展露。
草木或荆棘。 紧树枝。

王射之， 敏给[⑦]**搏**[⑧]**捷矢。**
吴王朝它射箭，它敏捷地将箭一把接住。
 ⑦敏给：敏捷。 ⑧搏：接取。

王命相者[⑨]**趋射之， 狙执**[⑩]**死。**
吴王命令随从一齐射这只猴子，猴子抱着树中箭而死。
 ⑨相者：随从吴王打猎的人。 ⑩执：拿，握。

解读

人如果过于高傲自大,必定要栽跟头。就像故事里的这只猴子,本来有机会逃命,它却自以为是,以为自己很有本领,能抵挡得住吴王射来的箭。可是它万万没想到,吴王背后有很多神箭手,结果就把自己的性命送掉了,实在是太愚蠢了。

灌园老人

子贡①南游于楚，反于晋，过汉阴，
子贡往南游历到了楚国，返回晋国时，路过汉水的南岸，
①子贡：孔子弟子。

见一丈人②方将为圃畦③，凿隧④而入井，
遇到一位整理菜地的老人，　　他挖了一条通往水井的地道，
②丈人：古代对老人的尊称。　③将为圃畦（qí）：圃，菜园。　④凿隧：凿地道、
　　　　　　　　　　　　　　　畦，开畦种菜。将要开地种菜。　水渠。

抱瓮⑤而出灌，搰搰然⑥用力甚多而见功寡。
抱着瓦罐舀水出来浇地，很费力气而且功效很小。
⑤瓮：瓦罐。　　⑥搰（hú）搰然：用力的样子。也有人说是灌水的声音。

解读

用今天的眼光看，灌园老人可真是个不懂得变通的固执的老人。人类发明工具就是为了节省力气，提高生产效率。但灌园老人却认为这是人们投机取巧的行为，从个人的修养来说，一个人如果心存投机取巧，那他的精神就不够纯洁，他就不能得道。

北宫奢募捐

北宫奢①为卫灵公②赋敛③以为钟④,
北宫奢替卫灵公募捐铸造钟,

①北宫奢:人名,卫国的大夫,因为居住在北宫,因此叫北宫奢。
②卫灵公:姓姬,名元,春秋时期卫国第二十八代国君。
③赋敛:为了铸造钟向众人筹集经费。
④钟:类似于编钟之类的乐器。

为坛⑤乎郭门之外,三月而成上下之县⑥。
在城门外设置了祭坛,　　三个月后就铸成了上下两层的钟。
⑤为坛:设置祭坛。
⑥上下之县:上下两层的钟架。县,通"悬"。

王子庆忌⑦见而问焉,曰:"子何术之设?"
王子庆忌见到钟,　　　　就问他:"你用的是什么方法?"
⑦王子庆忌:吴王僚的儿子。庆忌是他的名字。

奢曰:"一之间⑧,无敢设也。"
北宫奢说:"纯任自然,没有什么其他办法。"
⑧一之间:一,纯一的意思。纯任自然。

解读

如何让别人慷慨解囊，将自己的钱财捐献出来给国君建造一座编钟，这不用说就是个难办的差事。但是北宫奢轻而易举就办到了，而且三个月就把这项大工程完成了。他没有用什么特殊的办法，而是顺应自然，任凭民众自己的心愿。只有真正愿意的人才会投入自己的诚意去干这件事。

徐无鬼见魏武侯

徐无鬼①见武侯②，武侯曰："先生居山林，食芧栗③，厌④葱
徐无鬼来拜见魏武侯，　　武侯说："先生您居住在山林里，　吃小栗子，饱食葱和韭

①徐无鬼：人名，　②武侯：即魏武侯，　③芧（xù）栗：橡　　④厌：饱食，吃饱。
魏国的隐士。　　　战国初期魏国国君。　子和栗子。

韭，以宾寡人⑤久矣夫。
菜，　拒绝我给你的官已经很久了。

⑤宾寡人：宾，通"摈"，摈弃。谢绝与我交往。

今老邪，其欲干⑥酒肉之味邪，
现在年老了，是想追求厚禄，尝尝酒肉的味道吗？

⑥干：求，索求。

其寡人亦有社稷之福⑦邪？"
还是说我的社会也有能得到您赐福的机会？"

解 读

在这个故事里,徐无鬼是个非常有平等思想的人,虽然他是古人,但他的思想却和现代人一样。在他眼里,天地万物都是平等的,身份尊贵的人不能理所当然地认为自己就比别人尊贵,而地位低下的人也不能认为自己生来就卑贱。人和人之间,人和物之间都是一样的。

王子搜逃命

越人三世弑①其君，王子搜②患之，逃乎丹穴③。
越国人杀掉了三代的国君， 王子搜非常忧惧， 于是逃到一个叫丹穴的山洞里。

①弑（shì）：古代臣杀君或子杀父。 ②王子搜：搜，王子的名字。 ③丹穴：洞窟的名字。

而越国无君，求王子搜不得，从④之丹穴。
越国没有了国君， 到处找不到王子搜， 最后追踪到了丹穴。

④从：追踪。

王子搜不肯出， 越人薰之以艾。
王子搜躲在洞穴中不肯出来，越人在洞口用艾草熏烟，逼他出来。

乘以王舆⑤。
用君王的马车来载他。

⑤乘以王舆：用君王的马车来载他。

解 读

真的有人不愿意当一国之君吗？在一般人看来，当上一国之君，登上权力的巅峰是梦寐以求的事情。但是王子搜却恐惧到了极点，因为他看到了在权力面前，有些人会变成魔鬼。正是因为他越对权力没兴趣，越国人越觉得他的德行才更配当国君。

屠龙之技——
学习的最高追求到底是什么?

吴王射猴——
炫耀带来灾难!

呆若木鸡——
原来并不是贬义词!

鲁侯养鸟——
好的愿望必须符合规律才能实现。

体验梦幻瑰丽的寓言世界
认识传奇逍遥的古代人物
感受庄子超凡脱俗宇宙观